Pour contacter l'auteur, lui poser des questions sur le livre et découvrir ses publications d'articles sur l'immobilier :

Site internet :
www.sudinvestissement.fr (Service d'investissement locatif clé en mains)

Par email :
remy@sudinvestissement.fr

Remerciements

Je remercie mes amis de leur soutien, en particulier Matthieu Leduc, mon premier lecteur, je remercie également mon ami Maxime Le Borgne de m'avoir mis le pied à l'étrier concernant l'écriture.

Je remercie tous les lecteurs et lectrices de la première édition, certains témoignages de gratitude m'ont particulièrement touché. Vous m'avez motivé à améliorer ce livre et je vais vous apporter encore plus de conseils, en ayant toujours en tête de tenir des propos accessibles aux débutants.

Je remercie aussi mes mentors qui m'ont ouvert les yeux sur le développement personnel, que ce soit en lisant leurs livres, à travers leurs formations, ou en visionnant leurs vidéos sur YouTube :

Steve Abdelkarim, Idriss Aberkane, Thami Kabbaj, Miguel Ruiz, Anthony Nevo.

Ils m'ont donné l'envie de donner le meilleur de moi-même.

Je remercie également mon graphiste et oncle Simão, ses dessins apportent une belle touche de gaieté à cet ouvrage. Ses coordonnées : dessinssimao@laposte.net

SOMMAIRE

INTRODUCTION 8

ACHETER OU LOUER 10

DEFINIR SES BESOINS 18

L'approche par usage 20

DEFINIR SON BUDGET 26

Approche bancaire 27
Approche globale 31

FINANCER SON ACHAT 36

Le vrai spécialiste, c'est le courtier. 37
L'influence du taux de crédit 39
Choisir sa durée d'emprunt 42
Aller plus loin dans les prêts immobiliers 43
L'assurance emprunteur 50
Acheter à deux 53
Bonus : Travailler ses finances personnelles 56

DEFINIR L'EMPLACEMENT 59

Le temps de trajet, l'outils simple 59
L'outils des pros 62
Comprendre la fixation des prix.. 66
La loi de l'offre et de la demande en immobilier............. 74
Bonus : la fixation des prix par l'agent immobilier.......... 77
Méga Bonus : l'application magique 78

DEBUTER LES VISITES... 80

La recherche active 81
Commencer les visites... 82
Internet, passage obligé.. 83
Quartier VS superficie... 85
Acheter avec ou sans travaux ?..................................... 86
Ancien VS neuf... 90
Les 27 questions à poser en visite 92
L'effet coup de cœur 97
Savoir négocier 99

CHRONOLOGIE DE L'ACHAT 101

LEXIQUE.. 105

Pour ceux qui ne lisent pas le sommaire,
Le processus d'achat immobilier

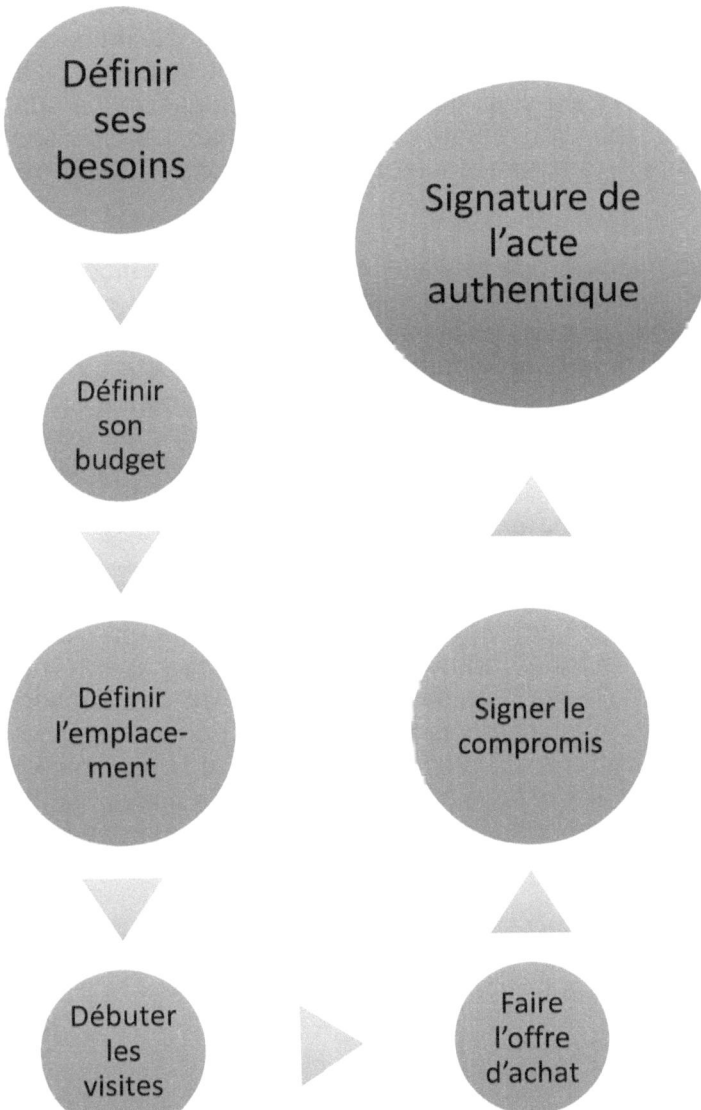

INTRODUCTION

Etre propriétaire de sa résidence principale est un acte économique et social majeur. En France comme ailleurs, la propriété immobilière est perçue comme une valeur refuge, qui permet de se mettre à l'abri et de placer son argent. Il s'agit d'un besoin primaire, nous avons tous besoin d'un abri, d'un refuge, d'un toit sur la tête. L'aspect social et culturel entre également en jeux dans la volonté de devenir propriétaire.

C'est aussi un marqueur de réussite, car le lieu d'habitation, la ville et le quartier, symbolisent l'appartenance à un groupe social. Du point de vue économique, le fait d'acheter sa résidence principale est souvent l'achat le plus important d'une vie, l'objectif est de ne plus payer de loyers et se constituer un capital important à la fin du remboursement du crédit. L'objectif est aussi de ne pas avoir de crédit ou de loyer à payer à la retraite.

L'achat immobilier reflète également un ensemble de valeurs culturelles, d'attachement à « la pierre ». Dans notre société, au sein de nos familles, acheter est vu comme un acte responsable, les parents encourageant souvent leurs enfants à franchir le pas. Indéniablement, lorsque nous habitons quelque part, nous éprouvons un attachement émotionnel, on se crée des souvenirs dans une maison, des moments de joie et de partage. Un achat immobilier se transforme souvent en un patrimoine familial qui sera transmis fièrement aux enfants. Qu'il s'agisse d'une maison ou d'un appartement, l'immobilier est un actif tangible, solide et relativement sécurisé, moins risqué que d'autres placements. C'est sans doute une combinaison de tous ces facteurs qui m'ont poussé à devenir propriétaire.

Selon moi, il y a trois obstacles à l'acquisition de sa résidence principale :
- Les niveaux de prix élevé dans certaines grandes villes
- Le manque de visibilité professionnelle et la mobilité géographique
- Le manque de connaissance et la difficulté d'accès à des informations fiables, simples et compréhensibles.

Les professionnels de l'immobilier justifient trop souvent leur rémunération en complexifiant les choses, en utilisant des mots sophistiqués pour « faire sérieux », se réfugient derrière des lois, des procédures, du jargon… A mon sens, toute cette complexité est contre-productive car elle fait perdre un temps considérable.

Plus vous serez formés et informés, plus votre projet se déroulera sereinement, vous éviterez ainsi les mauvaises surprises. Vous serez rapidement confrontés à la réalité du terrain et vous parviendrez à vos objectifs. C'est toute l'idée de ce livre, faciliter l'accès à l'information et former un maximum de personnes.

Durant mon parcours professionnel j'ai travaillé dans le cœur du réacteur : agent immobilier dans l'ancien, commercial dans l'immobilier neuf, confronté à une multitude d'acheteurs aux motivations souvent similaires…

J'ai écrit ce livre, car j'ai été frappé par le manque de préparation des acquéreurs ! On parle d'un achat à plusieurs centaines de milliers d'euros qui est très souvent financé sur vingt ans, mais on ne se prépare pas correctement ! Il y a énormément de croyances limitantes à déconstruire, de fausses idées véhiculées par les proches, les amis, les collègues, les médias et parfois même le banquier…
Tout le monde donne son avis, mais sans rien y connaître.

Dans ce livre, je vous propose une démarche réfléchie, guidée pas à pas, pour vous aider à réussir votre achat immobilier.
C'est parti !

ACHETER OU LOUER

La première question que vous devez vous poser est : « Ai-je intérêt à acheter ou dois-je rester en location ? » A priori, si vous lisez ce livre vous avez déjà la réponse…

C'est la question fondamentale à laquelle il vous faut répondre en premier. Plus tôt vous êtes convaincu, mieux vous réussirez votre projet. Si vous n'êtes pas encore sûr de vous, vous risquez de déployer énormément d'efforts, de visiter des appartements, puis de changer d'avis au dernier moment et finalement ne pas acheter. Ce serait dommage et ce serait une énorme perte de temps. Comme vous le savez, le temps est notre bien le plus précieux.

Nous allons donc comparer dans ce chapitre l'achat et la location sous l'angle financier.

En guise d'introduction, voici un tableau récapitulatif de tous les frais à la charge d'un locataire et d'un propriétaire.

Locataire	Propriétaire	Périodicité des frais
Loyer	Remboursement du crédit	Mensuel
	Paiement de l'assurance emprunteur	Mensuel ou trimestriel
Taxe d'habitation		Annuel
	Taxe foncière	Annuel
Assurance habitation		Mensuel ou trimestriel
Dépenses d'énergie et d'eau		Mensuel ou trimestriel
Une partie des charges de copropriété	Les charges de copropriété en totalité	Mensuel ou trimestriel
Entretien courant et réparations locatives[1]	Entretien courant et tous travaux et réparations	Variable
	Frais de notaire	Lors de l'achat
	Frais d'hypothèque ou de garantie	Lors de l'achat

---

[1]https://www.service-public.fr/particuliers/vosdroits/F31697

Je ne vous apprends rien, vous avez davantage de frais à supporter lorsque vous êtes propriétaire.

Nous allons maintenant réaliser une simulation devant répondre à la question suivante : Serais-je plus riche ou moins riche au bout d'un certain temps (5, 10, 15, 20 ans) en choisissant d'acheter ?

Nous prendrons deux hypothèses. La première, une ville avec des prix élevés et une demande importante, j'ai choisi Neuilly-sur-Seine. Deuxième hypothèse, la ville de Toulon, avec des prix moins élevés et une demande plus faible.

Comprendre le calcul est assez simple, mais le réaliser demande quelques connaissances en mathématiques financières, ce n'est pas l'objet du livre, nous irons à ce qui nous intéresse, le résultat. Pour gagner du temps, j'utiliserai un outil en ligne pour faire le calcul et vous présenterai directement les résultats.

Plusieurs sites proposent des outils gratuits :
- www.lafinancepourtous.com[2]
- http://www.bulle-immobiliere.org[3]

J'ai choisi d'utiliser la feuille Excel proposée par le site « Bulle-immobiliere.org » même si je ne partage pas toutes les opinions du site.

Concentrez-vous bien, pour la simulation on considère qu'en restant locataire, la somme d'argent qui n'est pas dépensée pour être propriétaire est épargnée. Par exemple : si pour devenir propriétaire on consacre 900 € par mois et que pour être locataire on consacre 600 € par mois, en tant que locataire on épargne 300 € tous les mois.

---

[2] https://www.lafinancepourtous.com/calculateurs/louerouacheter/louer_ou_acheter.php

[3] http://www.bulle-immobiliere.org/drupal/content/comparateur-achat-ou-location-immobili%C3%A8re

Premier exemple,

Jeanne et Serge se rencontrent lors d'un match de volleyball, c'est le coup de foudre, un an plus tard ils envisagent tous deux de quitter leur location et de vivre ensemble, ils se demandent s'ils doivent acheter ou louer. Ils sont économes et ont chacun mis de l'argent de côté, Jeanne est avocate à Paris et gagne 4500€ par mois, Serge est commercial pour une marque de luxe et gagne 3800€ par mois. Ils aimeraient vivre à Neuilly-sur-Seine, par chance ils ont trouvé dans le même immeuble un appartement à vendre et un appartement à louer !

Les deux appartements sont identiques, il s'agit d'un T2 de 40m²

Données retenues pour la simulation	
Achat	Location
396 000€ FAI[4] 29 000€ de frais de notaire	1 400€ de loyer
120€ de charges mensuelles	80€ de charges mensuelles
200 € de taxe foncière	
29 000€ d'épargne qui servira d'apport Crédit à 1,75% sur 20 ans	29 000€ d'épargne qui sera placé sur un livret à 1%/an
Inflation : Croissance du prix du bien : +0,50%/an Taxe foncière : +0,50%/an Charges : +1%/an	Inflation : Hausse du loyer : +0,50%/an

---

[4]Frais d'agence inclus

Le tableau ci-dessous met en perspective la différence entre location et propriété au bout de plusieurs années. Les deux lignes qui nous intéressent sont "actif net propriétaire" et "actif net locataire".

L'actif net représente la totalité de ce que vous possédez déduit des crédits (qui sont des passifs). Pour simplifier, dans notre exemple l'actif propriétaire est égal à la valeur de son appartement auquel on retire le crédit en cours. Le capital restant dû va diminuer tous les mois, car le couple en remboursera chaque mois une partie. Par exemple le chiffre 197 122 dans la colonne "Année 10" correspond à la valeur du bien à cette date (416 251€) moins le capital restant dû à la banque (219 129€).

L'actif net du locataire représente son épargne initiale de 29 000€ ainsi que l'addition des sommes qu'il va épargner tous les mois. En effet son loyer est nettement inférieur à une mensualité de crédit s'il avait dû acheter le bien. Par exemple pour le chiffre 38 101, dans la colonne « Année 1 », il représente les 29 000€ d'épargne du départ auquel on ajoute une épargne mensuelle de 758,41€.

Le tableau ci-dessous, présente les résultats du calcul. Si vous souhaitez effectuer un calcul avec vos propres chiffres pour analyser l'intérêt de votre projet, vous pouvez utiliser les sites présentés en page 12.

Résultats de la simulation	Année 1	Année 3	Année 4	Année 5	Année 10
Valeur du bien €	397 980	401 970	403 980	405 999	416 251
Capital restant dû €	-382 971	-349 003	-331 517	-313 686	-219 129
Actif net propriétaire €	15 009	52 966	72 463	92 314	197 122
Actif net locataire €	38 101	56 710	66 221	75 872	126 282
Ecart propriétaire - locataire €	-23 092	-3 744	6 242	16 441	70 840

Dans cet exemple il faut rester entre 3 et 4 ans dans le bien pour être gagnant par rapport à une location. En effet, la 4ème année l'actif net du propriétaire est de 72 463€, contre 66 221€ pour le locataire.

Les prix de l'immobilier étant élevés, dans les exemples choisis nous n'appliquons qu'une légère revalorisation de la valeur du bien, à peine +0.5% par an.

Deuxième hypothèse, la ville de Toulon, <u>avec des prix moins élevés</u> et une demande plus faible que Neuilly sur Seine.
Paola et Franky se rencontrent lors d'un match de rugby du RCT[5], passons...

Paola gagne 1500€ par mois, Franky gagne 1900€ par mois.
Ils aimeraient vivre à Toulon, à côté du stade, par chance ils ont trouvé dans le même immeuble un appartement à vendre et un appartement à louer !

Les deux appartements sont identiques, il s'agit d'un T3 de 60m².

Données retenues pour la simulation	
Achat	Location
160 000€ FAI[6] 14 000€ de frais de notaire	700€ de loyer
80€ de charges mensuelles	40€ de charges mensuelles
800 € de taxe foncière	
14 000€ d'apport Crédit à 1,75% sur 20 ans	14 000€ placé sur une épargne à 1%/an
Inflation : Croissance du prix du bien : +0,50%/an Taxe foncière : +0,50%/an Charges : +1%/an	Inflation : Hausse du loyer : +0,50%/an

---

[5] Au stade Mayol, à Toulon bien évidemment !
[6] Frais d'agence inclus

Résultats de la simulation	Année 1	Année 3	Année 4	Année 5	Année 10
Valeur du bien €	160 800	162 412	163 224	164 040	168 182
Capital restant dû €	-154 736	-141 011	-133 946	-126 742	-88 537
Actif net propriétaire €	6 064	21 401	29 278	37 298	79 645
Actif net locataire €	17 183	23 691	27 017	30 392	48 016
Ecart propriétaire - locataire €	-11 119	-2 291	2 261	6 906	31 629

Dans cet exemple, il faut également rester entre 3 et 4 ans dans le bien pour être gagnant par rapport à une location.

Conclusion :
Même dans un secteur avec des prix élevés, acquérir un logement est financièrement intéressant à condition d'y rester suffisamment longtemps, environ 3 à 4 ans. Pourquoi ?
Lors de l'achat vous payer des frais de notaire, c'est en réalité un impôt sur l'achat immobilier, ces frais représentent autour de 8% du montant du bien.

Site officiel pour calculer les frais de notaire :
http://notairesdugrandparis.fr/fr/outils-et-services/calcul-de-frais-d-achat

C'est pour amortir ces frais de notaire que vous devez rester quelques années dans le bien.

Je m'explique maintenant sur la notion « d'amortissement des frais de notaire ». Lorsque vous achetez un bien à 350 000€ vous allez payer 28 000€ de frais de notaire. Le bien vous coute alors en réalité 378 000€, mais sur le marché il a toujours une valeur de 350 000€. Si vous le revendez dès le lendemain au même prix que vous l'avez acheté vous perdrez donc 28 000€, les frais de notaire.

A l'issue de ce chapitre, voici les questions à vous poser :
- Ma situation géographique est-elle stable ou suis-je mobile? On ne parle pas de stabilité sur 30 ans… Il peut être intéressant de faire le calcul en utilisant l'un des outils cités, demandez-vous combien d'années vous devez garder le logement pour être rentable. Dans les exemples ci-dessus nous voyons qu'il faut en moyenne 3 ans pour rentabiliser un logement, sans prendre en compte une hausse des prix.
- En cas d'imprévus, de changement de vie, vous sera-t-il possible de louer facilement ce type de bien le temps de rembourser du capital à la banque ? Le bien sera-t-il facile à revendre ?
- Etes-vous prêt à consacrer du temps à votre d'achat ?

DEFINIR SES BESOINS

Dans cette partie, je vous propose une approche différente de celle habituellement pratiquée.

Pour le moment, nous allons **abandonner « l'approche par mètres carrés »** qui consiste à dire : « Je veux un T3 de 60m² avec un salon d'au moins 20m² et une salle de bain de 5m².

Pourquoi abandonner cette approche ?

Car, la plupart d'entre nous sommes incapables de visualiser et de s'imaginer ce que représente un salon de 20m² ou un salon de 17m². Cette approche est trop limitante, car en fonction de l'agencement, de la luminosité, de la vue, du choix du mobilier et de la décoration, le ressenti d'espace et de superficie est totalement biaisé. Pour vous le prouvez, prenons un exemple.

Imaginez deux chambres qui font la même surface au sol.

La première chambre est très peu décorée, les murs sont blancs et lisses, il y a une penderie encastrée dans le mur munie d'une porte-miroir coulissante. Une table de chevet blanche, la porte-fenêtre donne sur un balcon avec une vue dégagée sur la ville, il y a beaucoup de lumière qui se reflète sur le parquet clair.

Lorsqu'on rentre dans la deuxième chambre, on arrive dans un petit couloir où sont accrochés quelques tableaux représentant des portraits anciens. Le plafond est recouvert de lambris, à côté du lit fait face à une grande armoire en bois foncé, à la place de la table de chevet il y a un bureau avec une chaise remplie de vêtements. Il y a une petite fenêtre mais les rideaux opaques ne permettent pas de voir à travers, il y a aussi un velux qui apporte plus de lumière que la petite fenêtre. La moquette gris-foncé est parfois recouverte par quelques tapis.

Alors, quelle chambre vous paraît la plus grande ?

L'approche par usage

La méthode que je préconise pour définir vos besoins est une **approche par usage et par mode de vie**.
Nous partons du principe que lorsque vous achetez un logement vous avez deux usages. L'usage à l'intérieur du logement, dormir, cuisiner, recevoir la famille dans le salon... Puis l'usage extérieur, l'usage du quartier, faire vos courses au marché en bas de chez vous, allez à la salle de sport qui se trouve à 500m, vous balader avec vos enfants dans le parc d'à côté…

Dans cette partie, nous parlerons de l'usage intérieur du logement, l'usage du quartier sera abordé au chapitre « définir l'emplacement ».
Cette approche par usage passe par la réalisation d'un questionnaire. C'est un outil très simple, mais il a le mérite d'obliger à se poser toutes les questions importantes.
Répondez par écrit aux 6 questions suivantes, dans un second temps il s'agira de hiérarchiser vos réponses.

- **Chambre.** Mon foyer est-il susceptible d'évoluer d'ici 2 à 3 ans ? Naissance d'un enfant, vie en couple, etc.

Cette question permet de définir le nombre de chambres. Si vous êtes en couple et avez un projet d'enfant il est préférable d'avoir tout de suite deux chambres, ou plus, donc s'orienter vers un T3. En revanche si vous êtes célibataire, vous n'avez besoin que d'une chambre pour le moment, cela n'est pas forcément rentable d'acheter tout de suite un T3 (plus de charge, plus d'impôts, crédit plus élevé…), vous avez surement intérêt à opter pour un studio ou un T2.

- **Séjour.** Vais-je recevoir beaucoup de monde ?

Cette question permet de définir vos besoins en termes de séjour ou de salle à manger. Si vous recevez beaucoup, un de vos critères importants sera le séjour, ou le fait d'avoir une salle à manger par exemple.

- **Cuisine.** Est-ce que je cuisine beaucoup de plats faits maison ?

Si la réponse est oui, alors vous avez bien raison car c'est un plaisir de bien manger ! Plus sérieusement, si vous cuisinez beaucoup il faut que la taille disponible pour cuisiner soit un critère important notamment la possibilité d'avoir un espace de plan de travail suffisant.
Au minimum il faut, pour une cuisine de studio/T2 : un év er (90cm) + un appareil de cuisson (60cm) + un réfrigérateur (60cm) + une machine à laver (60cm) + 60 cm de plan de travail soit un l néaire de 3,30m ou 2,70m si la machine à laver est dans la salle de bain. Pour un T3/T4 comptez à minima entre 3,60m et 4,20m de linéaire disponible. Soyez exigeant aussi sur les possibilités d'agencement et la luminosité qui demeurent deux critères essentiels de confort.

Cuisine ouverte ou cuisine séparée?
C'est l'éternel débat ! Il n'y a pas de bonne ou de mauvaise réponse. Tout dépend de ce que vous préférez et de votre mode de vie. Je vais plutôt vous lister les avantages et les inconvénients. Les cuisines ouvertes ont pas mal la cote dans les magazines déco, en rénovation cela permet de supprimer une cloison et par conséquent d'agrandir la pièce pour profiter de plus de lumière. Cependant, qui dit cuisine ouverte dit également salon ouvert sur la cuisine ; si vous êtes un inconditionnel de la télévision vous pouvez être gêné par les bruits et par l'odeur. Un deuxième argument consiste à dire que lorsqu'on reçoit, cela permet au cuisinier d'être toujours présent dans l'ambiance et de ne pas changer de pièce. Les architectes d'intérieurs proposent aujourd'hui des solutions intermédiaires, avec des cuisines semi-ouvertes, en utilisant par exemple une verrière, un ilot central de séparation et suppriment les portes. Pour ma part, en ayant visité pas mal d'appartements et de maisons dans les deux configurations, je pense que la cuisine ouverte est très utile dans les petites surfaces, elle apporte un gain en confort visuel, un ressenti d'agrandissement d'espace et plus de luminosité. Mais, la cuisine séparée permet de mieux partager les usages et d'avoir un espace dédié uniquement à la cuisine et un salon dédié uniquement aux activités de salon.

- **Extérieur.** Avez-vous besoin d'un extérieur ? Avez-vous plutôt besoin d'un jardin, d'une terrasse ou d'un balcon ?

Gardez en tête qu'un jardin nécessite un entretien plusieurs fois par an, en plus de l'arrosage régulier. Un jardin est également un avantage non négligeable pour recevoir, surtout si vous vivez dans une région au climat agréable.

- **Parking.** Avez-vous besoin d'un stationnement privatif ou pouvez-vous stationner sur la voie publique ? C'est un point important, car dans les zones urbaines les parkings privés et à plus forte raison les garages, sont valorisés assez cher, ils peuvent faire monter le prix d'un bien. Pour la petite histoire, j'ai vécu un an dans un appartement duquel le parking public était à trois minutes à pied et devinez-quoi, ça n'a rien changé à mon confort de vie…

- **Calme.** Votre mode de vie nécessite-t-il un lieu particulièrement calme et silencieux ? Par exemple, si vous travaillez une partie du temps à votre domicile comme dans un bureau, ou si vous avez des horaires décalés nécessitant que vous dormiez la journée. Dans ces deux cas vous aurez besoin d'habiter dans un immeuble très calme et bien isolé acoustiquement, peut-être au dernier étage pour ne pas entendre les bruits de chocs du plancher du dessus. Attention aux habitations construites avant la réglementation acoustique[7], les immeubles dont le permis de construire a été déposé avant 1996 n'étaient pas soumis à cette norme. En partant du principe qu'il s'écoule 2 ans entre le permis de construire et la livraison, soyez vigilant en achetant un bien ayant été construit avant 1998. Rassurez-vous, il est toujours possible d'obtenir, après travaux, une bonne isolation acoustique même sur des immeubles anciens.

Cette approche peut paraître tellement évidente et simple, pourtant je vous assure que très peu de candidats acquéreurs initient leur réflexion de cette manière. Il ne faut pas mettre la charrue avant les bœufs, aussi ne négligez pas cette première base de réflexion.

---

[7] Arrêté du 30 juin 1999 relatif aux caractéristiques acoustiques des bâtiments d'habitation. Modifiant (sur la forme) l'arrêté du 28 octobre 1994.

Vous avez vos 6 réponses, vous devez les hiérarchiser de la plus importante (1ère, 2ème, 3ème...) à la moins importante selon vos critères.

Voici un exemple de résultat :

1er/6 Cuisine
Je cuisine tous les jours, j'ai besoin de beaucoup de place pour stocker mes ustensiles, il me faut un plan de travail d'au moins 120cm libre.

2ème/6 Extérieur
Il me faut absolument un extérieur, car j'aime manger dehors. Il faut aussi que je puisse étendre mon linge à l'extérieur, car je suis allergique à l'humidité, c'est un critère obligatoire. L'idéal serait un jardin, mais tant que j'ai au minimum un balcon je serai satisfait.

3ème/6 Calme
J'ai besoin d'un endroit calme, car je travaille sur mon ordinateur tous les matins, je ne dois pas être déconcentré par des nuisances acoustiques.

4/6 Séjour
Je reçois occasionnellement, mais souvent en petit comité, je n'ai pas spécialement besoin d'un très grand séjour, encore moins d'une salle à manger.

5/6 Chambre
Question 1 : Mon foyer ne va pas évoluer d'ici 2/3 ans, je n'ai besoin que d'une chambre (T2), mais je peux me contenter d'un studio avec coin nuit ou d'un T1 (dans un T1 i n'y a pas de chambre, mais la cuisine est séparée su séjour).

6/6 Parking
J'ai une voiture de faible valeur, je me fiche qu'elle dorme dehors, je n'ai pas besoin d'un parking.

Votre liste à remplir
Après avoir répondu par écrit aux questions précédentes, vous allez maintenant hiérarchiser vos réponses.
Vos réponses correspondent à vos propres critères, vous les classerez du plus important au moins important, le chiffre 1 étant le critère le plus important pour vous le 6 étant le moins important.

1er/6

2ème/6

3ème/6

4ème/6

5ème/6

6ème/6

DEFINIR SON BUDGET

Pour définir votre budget, vous devez savoir combien la banque peut vous prêter, pour cela vous devez connaître le montant maximal des mensualités de crédit que vous pouvez payer.

Nous aborderons ici deux approches, la première est la plus courante, il s'agit de l'approche bancaire, la façon dont la banque procède habituellement pour déterminer votre capacité d'emprunt. Dans un second temps je vous parlerai de mon approche globale, elle est plus détaillée et permet de se projeter en conditions réelles.

Approche bancaire

La banque parle de capacité d'emprunt et de capacité de remboursement. Leur calcul est assez simple :
Votre mensualité de remboursement peut atteindre jusqu'à **33%**[8] de votre revenu mensuel net.
Pour calculer ce revenu mensuel net il suffit de diviser par douze votre revenu annuel indiqué sur votre avis d'imposition (en incluant 13ème mois et primes). Ensuite, si vous avez des crédits en cours, vous devrez les prendre en compte comme une charge.

Ci-dessous, deux exemples pour comprendre :
1) Marc gagne 1600 euros par mois avec un 13ème mois, il n'a pas de crédit en cours.
(1600x13)/12=1733 euros de revenu mensuel net pour la banque.
1733 x 0,33 =571euros. Marc peut donc rembourser **571 €/mois** au maximum, c'est sa capacité de remboursement.

2) Alexis et Fatima gagnent 54 000 euros par an à deux, ils ont crédit pour leur véhicule, ils remboursent 250 euros par mois.
Leur revenu mensuel est donc de 4500 euros.
Leur capacité de remboursement est de 4500 x 0,33= 1485 €/mois, **à laquelle nous devons soustraire les 250€ par mois de remboursement de crédit auto.** Leur capacité de remboursement est donc de **1235 €/mois**.

Maintenant que nous avons leur capacité de remboursement, reste à savoir à quel montant emprunté cela correspond.

Pour cela nous utiliserons un calculateur en ligne de crédit, vous pouvez utiliser:
- https://www.pap.fr/acheteur/calcul-credit-immobilier/calcul-mensualite-emprunt
- http://www.meilleurtaux.com/credit-immobilier/simulation-de-pret-immobilier/evaluez-le-montant-de-votre-pret.html
- http://www.tableau-amortissement.org/

---

[8]Ce taux peut être plus élevé pour les hauts revenus

- J'utilise également une application Android qui s'appelle « Calcul de crédit ».

Commençons par faire le calcul pour Marc qui a une capacité de remboursement de 571 €/mois:

Montant emprunté pour un remboursement de 571 euros par mois

Emprunt sur une durée de	15 ans	18 ans	20 ans	22 ans
Taux intérêt (hors assurance)	1,40%	1,60%	1,80%	2%
Montant de l'emprunt	92 657 €	107 103 €	115 013 €	121 872 €

Avec un salaire de 1733 € net par mois, Marc pourra rembourser à la banque 571 €/mois, c'est sa **capacité de remboursement**. En empruntant sur une durée de 18 ans la banque lui prêtera 107 103€, c'est sa **capacité d'emprunt**.

Pour Alexis et Fatima la capacité de remboursement est de 1235 euros/mois :

Montant emprunté pour un remboursement de 1235 euros par mois

Emprunt sur une durée de	15 ans	18 ans	20 ans	22 ans
Taux intérêt (hors assurance)	1,40%	1,60%	1,80%	2%
Montant de l'emprunt	200 405 €	231 650 €	248 758 €	263 594 €

Imaginons maintenant qu'Alexis et Fatima décident de rembourser leur crédit auto de 250 €/mois. Cela augmenterait leur capacité de remboursement. Elle serait alors de 4500 x 0,33 = 1485 euros/mois. Ci-dessous, nous allons mesurer l'impact de ces 250€ supplémentaire de capacité de remboursement.

Montant emprunté pour un remboursement de 1485 euros par mois

Emprunt sur une durée de	15 ans	18 ans	20 ans	22 ans
Taux intérêt (hors assurance)	1,40%	1,60%	1,80%	2%
Montant de l'emprunt	240 973 € (+ 40 568 €)	278 543 € (+46 893 €)	299 114 € (+52 356 €)	316 953 € (+53 359€)

Le fait de rembourser leur emprunt auto, leur permet d'accroitre leur capacité de remboursement de 250 euros supplémentaires par mois, sur 18 ans cela représente **40 000 euros** de capacité d'emprunt supplémentaire. Le gain est énorme.

A retenir
- Vous avez très souvent intérêt à rembourser vos emprunts en cours avant de vous lancer dans un crédit immobilier. Ne négligez pas ces « petits gains » qui représentent des dizaines de milliers d'euros en capacité d'emprunt sur le long terme.

- Le banquier calcul votre capacité de remboursement en fonction de vos revenus annuels inscrit sur l'avis d'imposition.

- Il existe des outils gratuits pour calculer votre capacité d'emprunt en quelques minutes

Approche globale

Mon approche est différente, car je préfère intégrer toutes les charges liées à l'acquisition immobilière. L'objectif est de pouvoir continuer à vivre sereinement et ne pas être prisonnier de son achat immobilier.

Ma règle personnelle est simple, il faut que tous les frais cumulés ne dépassent pas environ 33% de votre revenu mensuel net, j'appelle cela le **taux d'effort immobilier**. J'ajoute tous les frais, car comme le crédit, ce sont des frais fixes, obligatoires, qui ne dépendent pas de vous. Vous serez obligé de les payer !

Au remboursement du crédit j'ajoute donc l'assurance emprunteur, les charges de copropriété, la taxe foncière et la taxe d'habitation. Je mensualise ces charges, par exemple si la taxe foncière est de 600€ par an je compte 50 € par mois. Le fait de mensualiser les charges est beaucoup plus simple pour établir son budget et faire ses comptes.

Tout de suite un exemple pour mieux comprendre :

Jean-Marc gagne 2250 euros par mois, sa capacité de remboursement est de 742[9] €/mois. Selon l'approche globale il faudrait inclure dans cette somme les autres frais, c'est ce que nous allons faire ci-dessous.

Il visite trois appartements, le premier dans un immeuble avec de faibles charges, le deuxième dans un immeuble avec des services (piscine, gardien, ascenseur). Enfin, le dernier à 150 000€, son prix correspond au budget maximum annoncé par la banque sans tenir compte des charges, c'est sa capacité d'emprunt.

---

[9] 33% de 2250€, soit 0,33 x 2250=742

Voici les trois biens :

	T2 rue Gabriel Pacheyre	T2 avenue Delacharge	T2 rue Royal Aubar
Prix	127 000 €	120 000 €	150 000 €
Charges de copropriété annuelles	288 €	960 €	1080 €
Taxe foncière	480 €	480 €	600 €
Taxe habitation	600 €	600 €	600 €

Maintenant, le **même tableau en mensualisant tous les frais**, le montant du **crédit** est donné sur **20 ans** à 1,70%.

	T2 rue Gabriel Pacheyre	T2 avenue Delacharge	T2 rue Royal Aubar
Mensualité de crédit	625 €	590 €	738 €
Assurance du prêt	11 €	11 €	13 €
Charges de copropriété mensuelles	24 €	80 €	90 €
Taxe foncière	40 €	40 €	50 €
Taxe habitation	50 €	50 €	50 €
TOTAL MENSUEL*	**750 €**	**771 €**	**941 €**
Taux d'effort immobilier	*33%*	*34%*	*41%*

*Ce que vous coutera réellement votre achat immobilier, tous les frais mis bout à bout.

Que retenir de ce tableau ?
Malgré que le premier appartement soit plus chère de 7000 €, il

coutera en réalité moins chère à Jean-Marc tous les mois, notamment grâce aux faibles charges.

Cette méthode de calcul vous oblige à vous intéresser de plus près à la taxe foncière et aux charges de copropriété. Personnellement je préfère les immeubles avec peu de charges car cela améliore mon budget. Toutefois ce n'est qu'un choix, car lorsque vous payez des charges il y a normalement des services inclus dans l'immeuble, comme le nettoyage des parties communes, l'entretien des jardins, un ascenseur, etc.

Le taux d'effort immobilier est très élevé dans le troisième cas, Jean-Marc consacre 41% de son revenu à son achat immobilier, pourtant son taux d'endettement en achetant cet appartement à 150 000€ n'est que de 32,8% (738€/2250€).

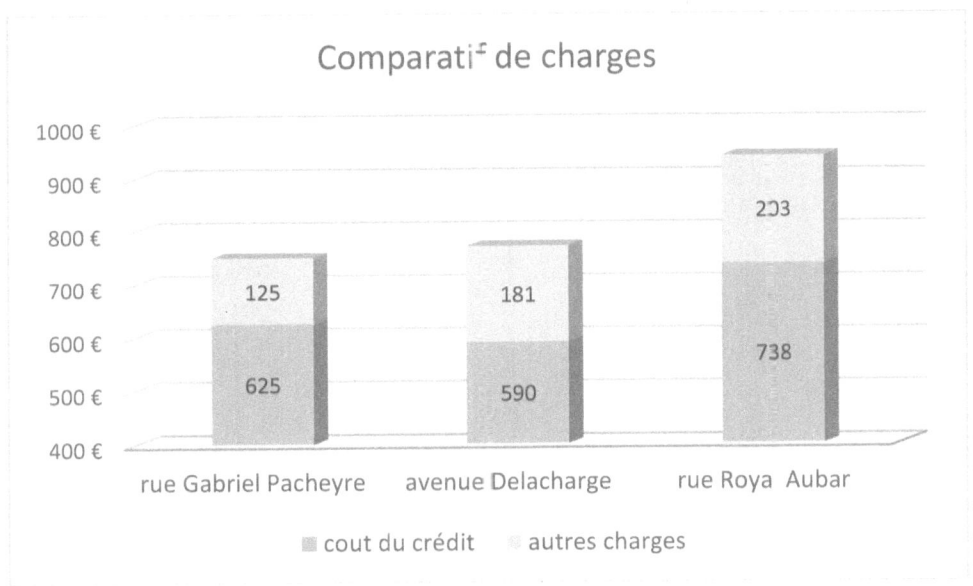

Pour le premier appartement Jean-Marc consacre 125€ au paiement des charges (assurances, taxes, charges copro, etc.), alors que dans le deuxième cas il y consacre 181€. En choisissant un immeuble avec moins de charges, il peut se permettre de le payer plus chère, ce qu'il ne paye pas en charges sera alors injecté dans le remboursement du crédit.

Le « reste à vivre » est également important puisque, en achetant le premier appartement il lui restera 2250 € - 750 € = 1500 € de reste à vivre tous les mois. S'il achète le dernier à 150 000 €, son reste à vivre sera de 1309 €.

A retenir

- Faites toujours le calcul en approche globale avant d'acheter, vous devez mesurer l'impact que votre achat aura sur votre budget.

- Vérifiez si le reste à vivre vous permet de tenir, un budget mal calibré peut rapidement vous mettre dans une situation difficile.

- Préférez le taux d'effort immobilier au taux d'endettement.

- Ne négligez pas l'importance des charges, plus elles sont basses, plus vous pourrez vous permettre d'emprunter.

FINANCER SON ACHAT

Avez-vous un capital, un apport que vous pouvez utiliser pour votre achat ?
On entend souvent qu'il faut au moins les frais de notaire, ou au moins 10% du montant du bien. En réalité ce n'est pas un critère fondamental, car la banque prête en fonction de votre dossier. Si vous êtes un jeune actif avec peu d'épargne, mais que vous bénéficiez d'une situation stable avec des revenus cohérents et que votre compte bancaire est bien géré (pas de découverts) vous pourrez sans doute obtenir un prêt immobilier. Ne soyez pas pessimiste si vous avez peu d'épargne…

Enfin, le moment tant attendu, vous décrochez votre téléphone pour appeler votre banquier et d'un ton solennel vous dites "je voudrais prendre rendez-vous pour un prêt immobilier". Ça y est, la machine est lancée, c'est le grand frisson et vous allez en prendre pour 15 ans, 20 ans et parfois plus !
Le jour du rendez-vous arrive, vous avez sorti votre plus belle chemise, un bloc-notes tout neuf et votre plus beau stylo. Après avoir expliqué votre projet, les chiffres tombent.

Mais avec ces chiffres, beaucoup de « blablas » et de mots compliqués, qui permettent au banquier d'asseoir sa légitimité : TAEA, TAEG, Taux fixe, hors assurance, PTIA, amortissement prévisionnel, intérêts de la période, capital amorti, capital assuré, échéances, etc. Vous n'y comprenez pas grand-chose.
Enfin, il tape sur son ordinateur et vous imprime la facture. "Ça vous coutera 785 € par mois et franchement c'est une super offre!"

D'avance, je m'excuse de vous bouleverser, votre conseiller bancaire, le mien aussi, ne sont pas des spécialistes du crédit immobilier. Au cours des années leur métier à évoluer, aujourd'hui ils commercialisent des assurances des forfaits téléphoniques et collectent de l'épargne.

Le vrai spécialiste, c'est le courtier.

Par définition son métier est de vous trouver la meilleure offre et vous le rémunérez pour ça.
Comment fonctionne un courtier?

C'est un professionnel du crédit qui constitue un dossier complet avec vos informations, salaires, situation bancaire, situation professionnelle. Il est en relation avec les services immobiliers des banques, pas les agences locales, mais directement l'échelon départemental ou régional. Il sélectionne lui-même la meilleure proposition pour vous la présenter. Grâce au courtier vous pouvez envisager des montages plus techniques, il vous apportera aussi un conseil de qualité. Vous rémunérez le courtier pour sa prestation, uniquement si vous allez au bout de la démarche, tant que le crédit n'est pas signé vous n'avez rien à avancer !

En général le tarif d'un courtier est de 1000 euros (forfaitaire) ou environ 1% du montant du prêt. Le courtier vous permet de bénéficier de taux d'intérêts plus bas, vous êtes souvent largement gagnant.

L'avantage de passer par un courtier, réside aussi dans le fait qu'il fera tout pour vous obtenir un prêt. Pourquoi ? Parce qu'il n'est payé qu'à la commission. Même si votre dossier est moyen, il se battra auprès de plusieurs banques jusqu'à obtenir un accord de principe. Pour couronner le tout, il s'occupe de toutes les démarches administratives, vous gagnez du temps et vous vous concentrez sur votre recherche.

Lorsque j'ai contracté mon crédit, je ne voulais pas mettre tout mon apport dans les frais de notaire. J'ai demandé à ce qu'on me finance une partie des frais de notaire.
J'ai acheté un bien à 102 000 € + 8700 € de frais de notaire + 1000 € de frais de courtier. Soit 111 700 euros au total. N'ayant mis que 3700 euros d'apport j'ai contracté un crédit sur 108 000 euros. Je voulais utiliser mon apport pour financer des travaux. Mon ancienne banque m'a expliqué que si je ne payais pas les frais de notaire elle appliquait un taux d'intérêt plus élevé, environ 2,2% sur 20 ans (en 2017), le courtier quant à lui m'a trouvé un prêt à 1,76%.

La différence entre 1,76% et 2,2% est-elle si importante ?
Oui !
Et je vais m'attacher à le démontrer.

L'influence du taux de crédit

Avant de parler de crédit, nous devons comprendre ce qu'est un taux d'intérêt. Il s'agit d'un pourcentage, toujours exprimé sur une échelle de temps annuelle.

Imaginez, vous décidez d'investir la somme de 10 000 euros. Vous trouvez trois investissements, le premier rapporte 1%, le deuxième 2% et le dernier 4%.

10 000 euros placés à :	1%	2%	4%
Total après 1 an	10 100 €	10 200 €	10 400 €
Gain réalisé	100 €	200 €	400 €

Naturellement, on a tendance à croire qu'entre 1% et 2% ça ne change pas grand-chose car c'est juste 1% de plus.

En réalité la différence entre 1% et 2% est énorme, on double tout bonnement le rendement ! Rappelez-vous vos cours de math : 1%= 0,01 ; 2%=0,02 ; 4% = 0,04 ; 100%=1

Pour ceux qui n'aiment vraiment pas les mathématiques, il n'y qu'une seule chose à savoir pour calculer les pourcentages rapidement :
Vous n'avez qu'à multiplier par 0,XX
XX étant votre pourcentage.

Par exemple, si on vous dit qu'il faut compter 8% de frais de notaires sur un bien à 114000€, il suffit de faire :
114000 x **0,08** = 9120

Dans le cadre d'un emprunt bancaire, jugez par vous-même l'incidence du taux d'emprunt :

Emprunt de 108 000 € sur 20 ans	1,76%	2,2%	2,8%	3,52%
Mensualité	534 €	556 €	588 €	627 €
cumul des intérêts sur 20 ans	20 199 €	25 594 €	33 170 €	42 592 €
Cout total du crédit sur 20 ans	128 199 €	133 594 €	141 170 €	150 592 €

Cumul des intérêts : C'est l'addition des intérêts que vous remboursez tous les mois à votre banque.

Sur 20 ans si le taux passe de 1,76% à 2,2% cela vous engendre un surcout de 5395 euros (25 594 € – 20 199 € ou 556€ - 534€ x 12 mois x 20 ans).

Ci-dessous, je vous propose un exemple de tableau d'amortissement [10] pour comprendre comment fonctionne le remboursement d'un crédit :

Rang	Date d'échéance	Montant à recouvrer €	Capital amorti €	Part des intérêts €	Capital restant dû €
001	05/08/2019	537,32	378,56	158,76	107 881,72
002	05/09/2019	537,32	379,09	158,23	107 502,63
003	05/10/2019	537,32	379,65	157,67	107 122,98
…	…	…	…	…	…
028	05/11/2020	537,32	393,82	143,50	97 448,63
029	05/12/2020	537,32	394,40	142,92	97 054,23

Le « montant à recouvrer » correspond à votre mensualité, ici vous vous payez **537,32 €** à la banque. Par exemple pour le 05/10/2019 : 537,32 = 379,65 € qui remboursent votre capital + 157,67 € d'intérêts pour la banque, votre capital restant dû baisse donc de 379,65 € puisque vous venez d'en rembourser une partie.

Au début du crédit, la part dédiée au remboursement des intérêts est élevée, elle baisse avec le temps. Plus le temps passe plus vous remboursez du capital. Retenez qu'une mensualité de crédit est toujours composé d'un remboursement de **capital** plus des **intérêts** :

---

[10]Je vous conseille le site www.tableau-amortissement.org pour faire vos propres simulations

Nous allons maintenant aborder une composante essentielle du crédit, le temps.

Choisir sa durée d'emprunt

Pour une même somme empruntée, plus le crédit sera contracté sur une durée courte, plus le montant de la mensualité sera élevé, en contrepartie vous paierez moins d'intérêts et vous aurez plus rapidement remboursé la banque. Un crédit sur une durée plus longue vous permet de bénéficier de mensualités plus faibles, donc plus confortable pour votre budget, en contrepartie vous paierez d'avantages d'intérêts. Enfin, une durée d'emprunt plus faible, diminue le taux d'intérêt.

Un prêt immobilier peut être contracté sur une durée allant de 10 ans à 30 ans.

S'il s'agit de l'achat d'une résidence principale et non d'un investissement locatif, je vous conseille de ne pas dépasser 20 ans. Pourquoi ?

Le tableau ci-dessous représente le capital emprunté pour une mensualité de 750€ par mois[11], en fonction de la durée d'emprunt choisie.

Mensualité	750 €	750 €	750 €	750 €	750 €
Durée de l'emprunt	**15 ans**	**17 ans**	**20 ans**	**25 ans**	**30 ans**
Taux d'intérêt	1,40%	1,60%	1,70%	1,90%	2,10%
Capital emprunté	**121 000 €**	**133 000 €**	**152 000 €**	**178 000 €**	**200 000 €**
Cumul des mensualités payées à la banque	135 000 €	153 000 €	180 000 €	225 000 €	270 000 €
Cout du crédit	14 000 €	20 000 €	28 000 €	47 000 €	70 000 €

---

[11] Hors assurance

Commentaires du tableau:

Tout d'abord, comparons la différence entre la colonne 15 ans et la colonne 20 ans. En augmentant la durée du crédit, de 15 ans à 20 ans, avec la même mensualité, nous gagnons 31 000 € en pouvoir d'achat immobilier, le cout du crédit augmente de 14 000 €.

Le passage de 20 ans à 25 ans, permet de gagner 26 000 € de capital emprunté, mais le cout du crédit augmente de 19 000 €.

Enfin le passage de 25 ans à 30 ans, n'engendre qu'un gain de pouvoir d'achat immobilier de 22 000 €, contre une augmentation de 23 000 € du cout du crédit.

Autrement dit, le gain de pouvoir d'achat immobilier est de moins en moins intéressant au-delà de 20 ans, le cout du crédit augmente plus fortement que le gain en capital emprunté.

Nous avons abordé tous les sujets du crédit immobilier, il ne reste plus qu'un point à traiter.

Aller plus loin dans les prêts immobiliers

Usuellement, lors d'un achat immobilier vous souscrivez à un prêt amortissable à taux fixe. Le montant de votre mensualité de remboursement est alors identique du premier au dernier mois du crédit (hors assurance emprunteur). Comme nous l'avons vu dans la partie « *L'influence du taux de crédit* », tous les mois lorsque vous remboursez votre crédit en payant votre mensualité vous remboursez une partie du capital emprunté et vous payez des intérêts.
Sachez qu'il existe d'autres types de prêts, plus technique et très avantageux en fonction de votre situation.

Le différé d'amortissement

Prenons d'abord un cas classique, ci-dessous un tableau d'amortissement :

Exemple d'un emprunt de 150 000€ sur 20ans à 1,60%

Rang	Date d'échéance	Montant à recouvrer €	Capital amorti €	Part des intérêts €	Capital restant dû €
001	05/01/2020	730,74	530,74	200,00	149469,26
002	05/02/2020	730,74	531,44	199,29	148937,82
003	05/03/2020	730,74	532,15	198,58	148405,66
004	05/04/2020	730,74	532,86	197,87	147872,80
005	05/05/2020	730,74	533,57	197,16	147339,23
006	05/06/2020	730,74	534,28	196,45	146804,94
007	05/07/2020	730,74	535,00	195,74	146269,95
008	05/08/2020	730,74	535,71	195,03	145734,23
009	05/09/2020	730,74	536,42	194,31	145197,81
010	05/10/2020	730,74	537,14	193,60	144660,67
011	05/11/2020	730,74	537,86	192,88	144122,81
012	05/12/2020	730,74	538,57	192,16	143584,24

Maintenant, imaginez qu'à l'achat de votre premier bien vous deviez réaliser beaucoup de travaux. Pire, que ces travaux vous obligent à continuer de payer un loyer dans un autre appartement. Cela signifie que vous devrez payer à la fois un loyer et un crédit tous les mois, sans compter les imprévus de travaux... Vous sentez le stress monter ?.

Il y a une solution : Le **différé d'amortissement** !

Le différé d'amortissement est très pratique, puisque la banque vous permet de diminuer le montant de vos remboursements les premiers mois, en ne payant que la partie intérêts (cela s'appelle le **différé partiel**). Concrètement vous reportez à plus tard le remboursement du capital. Un différé partiel d'amortissement peut être mis en place pour une durée maximale d'un an, en fonction des banques.

Toutefois attention à ne pas en abuser, car pendant cette période votre capital restant dû ne diminue pas, vous remboursez 0€ de capital !

Voici un autre tableau d'amortissement avec un différé d'amortissement de quatre mois, gardons notre exemple d'un emprunt de 150 000€ sur 20ans à 1,60%

Rang	Date d'échéance	Montant à recouvrer €	Capital amorti €	Part des intérêts €	Capital restant dû €
001	05/01/2020	200,00	~~530,74~~	200,00	150000
002	05/02/2020	199,29	~~531,44~~	199,29	150000
003	05/03/2020	198,58	~~532,15~~	198,58	150000
004	05/04/2020	197,87	~~532,86~~	197,87	150000
005	05/05/2020	739,71	542,55	197,16	149457,45
006	05/06/2020	739,71	543,26	196,45	148914,19
007	05/07/2020	739,71	543,97	195,74	148370,22
008	05/08/2020	739,71	544,68	195,03	147825,54
009	05/09/2020	739,71	545,4	194,31	147280,14
010	05/10/2020	739,71	546,11	193,6	146734,03

Dans le cas ci-dessus, le différé permet de baisser la mensualité à 200€ au lieu de 739€ les 4 premiers mois. Bien évidement cet avantage à un coût, la banque n'est pas un organisme social, elle doit se rémunérer sur le service qu'elle vous rend, vous payez donc des intérêts. Par la suite, la mensualité de crédit va légèrement augmenter, car vous rembourserez un peu plus de capital tous les mois pour rattraper le différé du début.

Le principal avantage du prêt avec différé d'amortissement concerne la gestion de sa trésorerie personnelle. Lorsque vous achetez, si vous avez peu d'épargne ou que vous la mobilisez en grande partie pour faire un apport, vous risquez de vous retrouver limité dans votre capacité à entreprendre des travaux ou à meubler votre nouveau bien.

Le fait d'avoir réalisé un différé de 4 mensualités, génère environ 2100€ « d'économies » pour vous, cela vous permet par exemple de payer votre cuisine, d'épargner cette somme au cas où, de payer votre déménagement et un loyer en parallèle, de payer une partie des travaux, etc.

Pour ma part, je vois le différé d'amortissement comme un outil permettant de gérer plus facilement ma trésorerie (mon épargne).

Encore une fois, cette solution a un coût et il convient de vérifier si vous avez réellement besoin de l'utiliser dans votre situation.

Sachez qu'il existe également la possibilité de réaliser <u>un différé total d'amortissement</u>, c'est-à-dire que vous ne payez ni le capital ni les intérêts ! Attention toutefois à ne pas vous emballer, le différé total est surtout utilisé dans les achats en VEFA, c'est-à-dire un logement neuf vendu sur plan, afin de ne commencer à payer qu'une fois la livraison du bien, à l'achèvement des travaux.

Le prêt palier

Pour faire simple, disons que dans le principe vous aurez les mêmes avantages que le différé d'amortissement mais sans les inconvénients.

En effet vous commencez dès le premier mois à rembourser du capital, mais très peu, afin d'avoir une mensualité plus faible. Puis dans un second temps, la part de capital remboursé augmente, faisant ainsi augmenter le montant de votre mensualité.

Cette période de « palier » peut durer jusqu'à 24 mois, parfois plus selon les banques.

Il va s'en dire qu'un tableau sera beaucoup plus simple à comprendre :

Exemple simplifié en prenant une valeur moyenne mensuelle.

Année	**Mensualité**	Capital amorti €	intérêts €
2020	**500 €**	300	200,00
2021	**500 €**	310	190
2022	**760 €**	580	180
2023	**760 €**	590	170
2024	**760 €**	600	160
2025	**760 €**	610	150
...	**760 €**	...	...

Une fois la période de palier terminée, la mensualité augmente et ne varie plus.

C'est bien beau, mais à quoi ça sert ?

L'objectif principal de ce type de prêt est d'aménager les mensualités de votre prêt immobilier en fonction des mensualités d'autres prêts en cours. Faire en sorte que votre endettement total soit toujours constant. Par exemple, vous avez un prêt automobile pour lequel il vous reste un an à rembourser, pendant cette période d'un an vous devrez donc remboursez deux prêt à la fois. Le prêt palier vous permet de baisser la mensualité du prêt immobilier pour pouvoir couvrir le second prêt.

Dans l'exemple ci-dessus, il y a 260€ d'écart (760-500), permettant de rembourser un autre crédit d'un montant maximal du même ordre. Dans certains cas, cela peut aider à faire accepter votre dossier auprès de la banque si votre taux d'endettement est trop élevé.

Bien entendu, ce type de prêt est assez technique, il est évidemment conseillé de solder vos crédits à la consommation avant d'entamer une démarche pour obtenir un prêt immobilier.

Les intérêts de remboursement anticipés.
Lorsqu'on emprunte sur une longue durée, il est assez rare d'aller au bout de son crédit, peu d'acquéreur conservent leur premier appartement pendant 20 ans sans jamais déménager.
Au moment de la revente, vous utiliserez une partie de l'argent pour rembourser la banque. La banque vous demandera <u>des indemnités pour remboursement anticipé du prêt</u>. Rassurez-vous, le système bancaire français est suffisamment bien règlementé pour protéger le consommateur. La banque recevra l'équivalent d'un semestre (6 mois) d'intérêts, plafonné au maximum à 3% du capital restant dû.

Prenons un exemple :

Si nous reprenons le tableau déjà vu plus haut, admettons que nous décidions de vendre le 05/11/2020.

Rang	Date d'échéance	Montant à recouvrer €	Capital amorti €	Part des intérêts €	Capital restant dû €
001	05/08/2019	537,32	363,31	158,76	107 881,72
002	05/09/2019	537,32	379,09	158,23	107 502,63
003	05/10/2019	537,32	379,65	157,67	107 122,98
…	…	…	…	…	…
027	05/10/2020	537,32	393,24	144,08	97 842,45
028	05/11/2020	537,32	393,82	**143,50**	**97 448,63**

Dans le cas ci-dessous le montant des indemnités de remboursement anticipés s'élèvera environ à **861€,** soit nettement en dessous du plafond de 3% du capital restant dû.

L'assurance emprunteur

Grâce au courtier, j'ai signé une offre de prêt à 1,76% sur 20 ans pour 108 000 euros.

L'assurance emprunteur de ma banque coutait 35 euros par mois la première année, puis 33 euros par mois la deuxième année, etc. Le prix diminue car vous êtes assurés sur le capital restant dû.

Une fois propriétaire, après la signature de l'acte authentique chez le notaire, j'ai pris contact avec un courtier en assurance. Je lui ai transmis les documents que j'avais et il s'est chargé de me trouver une assurance plus compétitive. C'est ce qu'on appelle une **délégation d'assurance**. Grâce à lui, le coût de mon assurance est passé à 8,68 euros par mois la 1ere année, 8,49 euros par mois la 2ème année, etc.
Le gain économique est très élevé, rien que sur la première année j'économise 315 euros.
Sur 20 ans le coût de l'assurance représentait 4532 euros avec l'assurance maison de la banque, grâce à la délégation ce coût est tombé à 1676 euros !

Vous payez une assurance, mais encore faut-il savoir contre quoi elle vous protège ?
Sans rentrer dans le détail, car c'est ennuyant, voici les sinistres couverts.

Les garanties obligatoires :
- Décès
- PTIA, perte totale et irréversible d'autonomie
- IPT, invalidité permanente et totale
- IPP, invalidité permanente et partielle

Les garanties facultatives :
- Perte d'emploi
- ITT, Incapacité temporaire de travail

Attention à la durée de la franchise, en moyenne de 3 mois. C'est la période pendant laquelle vous devez patienter avant que l'assurance indemnise votre sinistre. Il y a aussi pas mal d'exclusions de garanties, mais gardez vos questions pour le courtier, c'est son métier.

Une chose essentielle à savoir, plus vous vieillissez plus l'assurance coûte cher (normal elle assure contre le décès). Plus vous êtes en mauvaise santé plus le coût augmente également.

Comme expliqué précédemment, l'assurance assure le capital restant dû, pour déterminer un prix, on parle de « taux d'assurance ».

Pour les moins de 30 ans non-fumeur le cout annuel de l'assurance oscille entre 0,08% et 0,15% du montant emprunté. Pour les plus de 45 ans elle évoluera entre 0,30% et 0,60%. Enfin pour les plus de 60 ans, les taux seront très élevés de 0,60% à 1%, avec la difficulté supplémentaire d'obtenir un crédit sur une période longue.

Ci-dessous, un tableau pour comprendre l'impact du taux d'assurance sur le cout d'un achat immobilier :

Exemple de coût d'assurance

Taux d'assurance	0,08%	0,12%	0,30%	0,60%
Montant emprunté	150 000€			
Prime annuelle d'assurance	120 €	180 €	450€	900€
Prime mensuelle	10€	15€	37,50€	75 €

Autre élément important, la quotité assurée. C'est un terme juridique qui signifie quote-part, soit la fraction de quelque chose. Si vous achetez à deux vous aurez à choisir la quotité assurée pour chaque co-emprunteur.

Tout de suite un exemple pour comprendre :

Loïc et Paola font une acquisition à 200 000 euros, ils peuvent être assurés chacun à une quotité de 50%. Si l'un venait à décéder, l'assurance rembourserait alors la moitié de la mensualité du crédit, l'emprunteur survivant verrait alors sa mensualité de crédit divisée par deux. Dans la vraie vie, il est peu probable que Loïc et Paola gagnent le même salaire. Si l'un gagne 3000 € par mois et l'autre 1500 € par mois, il serait intelligent que la quotité soit de 70% sur celui ayant le plus haut revenu et 30% sur celui ayant le plus bas revenu.
Une quotité de **100% pour chaque conjoint**, permet un remboursement intégral du crédit en cas de décès prématuré de l'un des conjoints, **c'est une excellente assurance**, mais ce choix reste assez couteux.

A retenir

- Le courtier est un professionnel du crédit, prenez rendez-vous le plus tôt possible.

- Il est possible de se faire financer une partie des frais de notaire.

- Le taux d'intérêt est important, une petite différence devient énorme sur plusieurs années.

- Plus vous empruntez sur une longue durée plus la mensualité baisse, mais plus vous payez d'intérêts. Je conseille de ne pas dépasser 20 ans dans la mesure du possible.

- L'assurance emprunteur est un poste de dépense important, il est possible de la renégocier durant la première année en contactant un courtier en assurances.

- Le différé d'amortissement et le prêt palier sont à étudier

Acheter à deux

Lorsque vous achetez à deux vous entrez de plein droit dans le régime de l'indivision. Il est très important de comprendre ce qu'implique d'avoir un co-emprunteur, nous allons voir ci-dessous les spécifiés d'un achat à deux. Au passage, même s'il n'y a nul besoin d'être marié ou pacsé pour acheter à deux, des motifs fiscaux (succession/transmission) vous obligeront à y réfléchir sérieusement…

Le régime de l'indivision.
Lorsque deux personnes (ou plus), achètent ensemble un bien immobilier elles deviennent indivisaires, il s'agit d'une propriété partagée en fonction de vos apports financiers. L'achat peut être égalitaire à 50/50, sauf, lorsqu'un des deux met plus d'argent que l'autre, nous aurons alors une répartition inégalitaire, par exemple 70/ 30. A défaut de rédaction d'une convention d'indivision, des concubins sont réputés propriétaires chacun à 50/50.

La règle principale de l'indivision est l'article 815 du code civil : « **Nul ne peut être contraint à demeurer dans l'indivision** et le partage peut toujours être provoqué, à moins qu'il n'y ait été sursis par jugement ou convention ». Autrement dit, en cas de mésentente et de séparation, un des indivisaires peut à tout moment demander la vente du bien pour sortir de l'indivision. Si la vente est gérée à l'amiable, les deux parties peuvent s'en sortir sans trop de fracas. Mais en cas de blocage, c'est la vente judiciaire qui s'impose, souvent à un prix inférieur qui lésera les indivisaires. Nous verrons à la page suivante que la convention d'indivision offre une protection à cette situation.

La clause de solidarité dans le contrat de prêt
Lorsque vous souscrivez un prêt à la banque, celle-ci souhaite se protéger au maximum en cas d'insolvabilité de l'un des emprunteurs. C'est pour ce motif qu'elle a recourt à la clause de solidarité. Ainsi, si l'un des indivisaires, ou conjoints, est insolvable, <u>c'est l'autre qui sera tenu de payer</u>. Evidemment il existera tout un tas de recours juridiques par la suite

Le concubinage
En cas d'achat en concubinage, aux yeux de la loi, les concubins sont considérés comme étrangers l'un à l'autre en matière de succession et donation. Sachez que le concubinage est le pire régime au moment d'une succession/transmissions. Par exemple si l'un des concubins venait à décéder, le survivant devra payer 60% d'impôt sur la succession, au lieu de 0% si vous êtes mariés ou pacsé… Bref si vous ne voulez pas vous marier, au moins pacser vous.

Si vous êtes marié ou pacsé
Tout dépend si vous avez un contrat de mariage ou non. Si vous avez un contrat de mariage ou êtes pacsé, c'est que vous êtes bien conseillé, vous pouvez passer au chapitre suivant.
Si vous n'en avez pas, c'est le régime de la communauté de biens réduite aux acquêts qui s'applique. C'est très simple, tout ce que vous achetez et toutes les dettes que vous contractez durant le mariage, appartient au foyer, soit à 50/50.

La convention d'indivision
Je conseille de prévoir la rédaction d'une convention d'indivision, elle a pour objectif de définir les règles du jeu entre les propriétaires, appelés indivisaires. Elle permet par exemple d'évoquer ce qu'il adviendra du bien en cas de séparation et la protection du conjoint survivant en cas de décès. L'objectif premier de cette convention est de protéger les indivisaires en cas de mésentente. Dans le détail, vous définissez les droits et devoirs de chacun : répartitions des dépenses d'entretien, répartitions des frais, le sort des parts de l'indivisaire en cas de décès, les règles de jouissance et d'occupation du bien.

Le cout d'un convention d'indivision rédigé par un notaire est un acte authentique, son cout est fonction du prix du bien (0,43% du prix du bien), soit environ 645€ pour un bien à 150 000€.

Le montage en SCI
Même si l'on dépasse ici clairement le cadre fixé au début du livre, à savoir : une méthode simple destinée aux novices. Sachez qu'il est possible d'aller encore plus loin dans la protection des acquéreurs. Le montage d'une SCI est pertinent uniquement dans certains cas particuliers : divorcés, familles recomposées, préparation d'une succession, etc. Je vais tenter de simplifier au mieux.

Si vous créez une société civile immobilière, c'est la société qui devient propriétaire du bien, vous évitez de fait le régime de l'indivision. En effet, vous ne détenez plus un bien immobilier mais des parts d'une société. Impossible alors pour l'autre de forcer la vente. Ce montage est surtout patrimonial, il est utilisé pour protéger le concubin survivant en cas de décès. L'astuce consiste à séparer la nue-propriété de l'usufruit, pour éviter que les héritiers obligent le concubin survivant à vendre. Stop je m'arrête ici ! Pour aller plus loin contactez votre notaire.

Bonus : Travailler ses finances personnelles

Avoir un bon dossier

Acheter représente un effort financier, vous allez devoir apprendre à gérer vos finances personnelles, vous devrez aussi vous constituer un bon dossier bancaire.

Soyez logique, vous vous apprêtez à demander à un organisme de vous prêter une importante somme d'argent sur une longue durée. Le prêteur veut s'assurer que vous serez en mesure de le rembourser tous les mois sans incidents.

Voici des règles que vous devez vous imposer pour vous constituer un bon dossier.

N'ayez aucun découvert, prouvez que vous savez épargner une somme fixe chaque mois. Mettez en place un virement automatique et permanent juste après avoir reçu votre salaire. Évitez d'avoir des dépenses de carte bleue pour des jeux d'argent (les casinos, les paris sportifs, etc.) les banques n'apprécient pas beaucoup les profils "joueurs d'argent", il s'agit d'un risque pour elles.

Enfin, ayez une situation professionnelle stable, comme un CDI, sinon vous aurez plus de difficultés. Toutefois, chaque cas est particulier. Si vous n'êtes pas en CDI, mais que votre activité professionnelle est stable sur au moins trois ans et que vous épargnez de façon régulière depuis plusieurs années, vous avez toutes vos chances avec un courtier.

Gérer son budget

Ayez le sens des priorités : préférez-vous êtes propriétaire ou acheter le dernier smartphone à la mode qui vous fait tant envie, mais qui ne vous procurera de l'euphorie que les premiers jours?

Pour préparer votre budget et vos finances personnelles, commencez par faire un tableau en listant vos dépenses mensuelles. Notez d'abord les dépenses fixes: épargne, loyer, abonnements,

club de sport, assurances, impôts, etc. Puis vos dépenses variables: Nourriture et courses, déplacements (essence, transports), loisirs, etc.
Une fois que vous avez l'ensemble de ce tableau, faites e calcul à l'année, cela vous aidera à saisir l'importance d'une dépense! Nous avons naturellement tendance à minimiser une dépense lorsqu'elle est mensualisée. A l'année les montants sont beaucoup plus importants, on se rend alors davantage compte du poids des dépenses superflues sur notre budget.

Trouvez des sources d'économies en commençant par les plus gros postes de dépenses, par exemple les abonnements.

Pour ma part, en faisant cet exercice j'ai amélioré ma capacité de remboursement de 173€/mois. Tout d'abord, j'ai coupé mon abonnement Netflix, car je ne l'utilisais que très rarement, j'ai changé de forfait téléphonique, j'ai résilié un abonnement sur une revue qui ne m'intéressait plus, j'ai également revendu une moto que j'utilisais très peu (l'assurance s'élevait à 960 € par an). Enfin, j'ai également remboursé un petit crédit en cours.

Si vous n'avez pas beaucoup d'apport, ou que vous avez des difficultés à épargner, suivez ces quatre conseils pour apprendre à épargner:

1. La règle d'or : se « payer en premier », lorsque votre salaire rentre, faites un virement le jour même vers votre compte épargne. Par la suite, mettez en place un virement automatique mensuel pour vous obliger à épargner sans y penser.
2. Fixez-vous des objectifs réalistes. Au début cela sera difficile si vous n'avez pas l'habitude d'épargner, allez-y progressivement, par exemple 60 € le premier mois, puis 80 € le deuxième mois, puis 100 €... Jusqu'à parvenir à votre objectif. Peu importe le temps qu'il vous faut, l'important est de commencer le plus vite possible à apprendre à épargner, même une petite somme.
3. Ne touchez pas à votre épargne pour des dépenses de

consommations non vitales... Le plus simple étant d'avoir un compte épargne sur lequel l'argent est bloqué, afin de ne pas être tenté de l'utiliser pour autre chose que votre projet immobilier. Vous pouvez avoir un PEL, un LDD, un livret A, une assurance vie, vous pouvez-même avoir les 4 en même temps.
4. Dépensez moins ! Une technique consiste à convertir le prix d'un objet qui vous fait envie en nombre d'heure de travail[12] pour l'acquérir. Par exemple, si vous gagnez 1600€/net par mois cela représente 10,55€ net de l'heure, pour vous payer une console de jeux à 359€ cela représente 34 heures de travail, presque une semaine ! C'est une méthode très utilisée, qui est enseignée en formation de développement personnel sur le rapport à l'argent.

Vous pouvez également parler de votre projet à votre entourage, ainsi vous aurez encore plus de motivation pour réussir à atteindre vos objectifs, car vous avez une sorte d'engagement moral à respecter. Un engagement envers vous-même, avec vos proches en témoins... Vous n'aurez pas envie de passer pour un menteur donc vous devez réussir. C'est cette méthode qui m'a permis d'arrêter de fumer...

---

[12] http://www.salairebrutnet.fr/ Connaître son salaire horaire en entrant son salaire mensuel

DEFINIR L'EMPLACEMENT

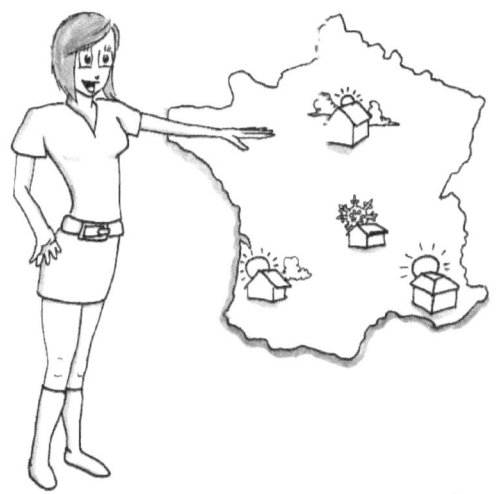

Le temps de trajet, l'outils simple

Dans la première partie, vous avez défini vos besoins en termes d'usage. Maintenant, faites le même raisonnement à l'échelle de la ville et du quartier. La première étape consiste à connaitre vos propres limites concernant le temps de trajet domicile-travail, quelle durée êtes-vous prêt à accepter. Bien entendu ce temps de trajet n'est pas ressenti de la même façon, selon que vous utilisez les transports en commun, la marche à pied ou un véhicule. Faites très attention à ce point, car il est crucial dans votre gestion du temps, dans votre vie. Sachez qu'une heure et demie de trajet aller et une heure et demie de trajet retour par jour représentent près de 700 heures par an, soit 29 jours "perdus" dans votre année.

J'utilise un outil très puissant qui génère une carte à partir du temps de trajet que vous définissez, je vous conseille d'utiliser le site internet suivant:
http://www.owlapps.net/application-geomarketing

1/ Dans la barre de recherche rentrez l'adresse à partir de laquelle vous souhaitez calculer le temps de trajet (par exemple votre lieux de travail).
2/ Dans la partie "*Paramètres*" à droite, cliquez sur " *Cliquer sur la carte pour définir un point de départ*"
3/ Cliquez sur la carte pour poser le point de repère
4/ Toujours dans la partie "Paramètres " à droite, rentrer un temps de trajet en minutes puis cliquez sur « *calculer* ».

Vous voyez maintenant apparaitre une zone correspondant à votre recherche. Vous pouvez faire de nouvelles recherches en modifiant le temps de trajet et même superposer plusieurs temps de trajets.

Par exemple, sur la carte ci-dessous, le point de départ choisi est la zone industrielle de Blagnac, près de Toulouse. La plus petite zone correspond à un temps de trajet de 10 min, la deuxième zone, plus vaste, correspond à 20 min de trajet. Sur le site internet de l'outil, une couleur correspond à chaque zone.

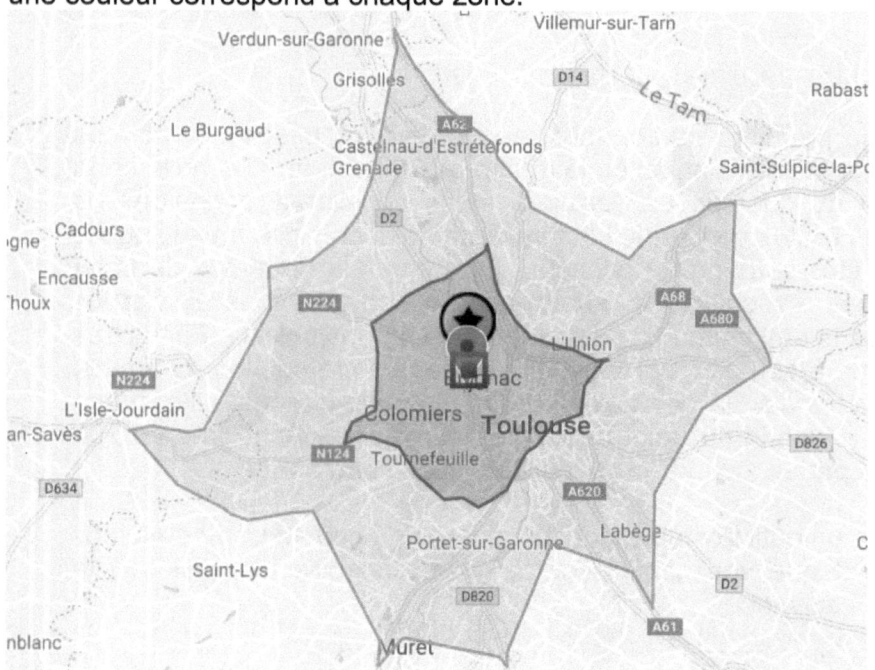

Il est ensuite possible de zoomer sur la carte pour voir précisément les quartiers qui correspondent à votre zone de recherche. Ici j'ai zoomé sur Tournefeuille et affiché une vue satellite.

L'outils des pros

Mais j'ai encore mieux à vous proposer :

Le site **Geoportail.gouv.fr** est la quintessence même de ce que vous avez besoin pour connaitre votre secteur immobilier.

Ses possibilités sont quasiment illimitées et vous pouvez générer des cartes très précises à l'échelle d'un secteur précis:

- Calcul des temps de trajet piéton
- Cartes des écoles
- Affichage du pourcentage de propriétaire/locataires
- Affichage du niveau de vie
- Affichage de la densité
- Gares et transports
- Réseau hydrographiques (les cours d'eaux)
- Les zones d'exposition aux bruits
- Etc.

Vous l'aurez compris ces outils sont utilisés par les urbanistes, les architectes, les bureau d'études et certains professionnels de l'immobilier. A votre échelle une partie des informations sont très pertinentes.

Prenons un exemple concret, vous avez visité un bel appartement familial dans le quartier de la place Castellane à Marseille et vous souhaitez savoir s'il y a des écoles pour vos enfants, accessibles à pied depuis votre futur chez vous.

Tout d'abord, vous allez générer une carte qui vous affiche le temps de de trajet d'un piéton pour 15min à partir du point défini :

Vous devez cliquer à droite sur la « clef à outils » puis « Mesures », puis « calculer une isochrone »

Vous êtes libre de définir le temps de trajet que vous souhaitez.

63

Une fois ce périmètre établi vous pouvez charger des cartes supplémentaires.

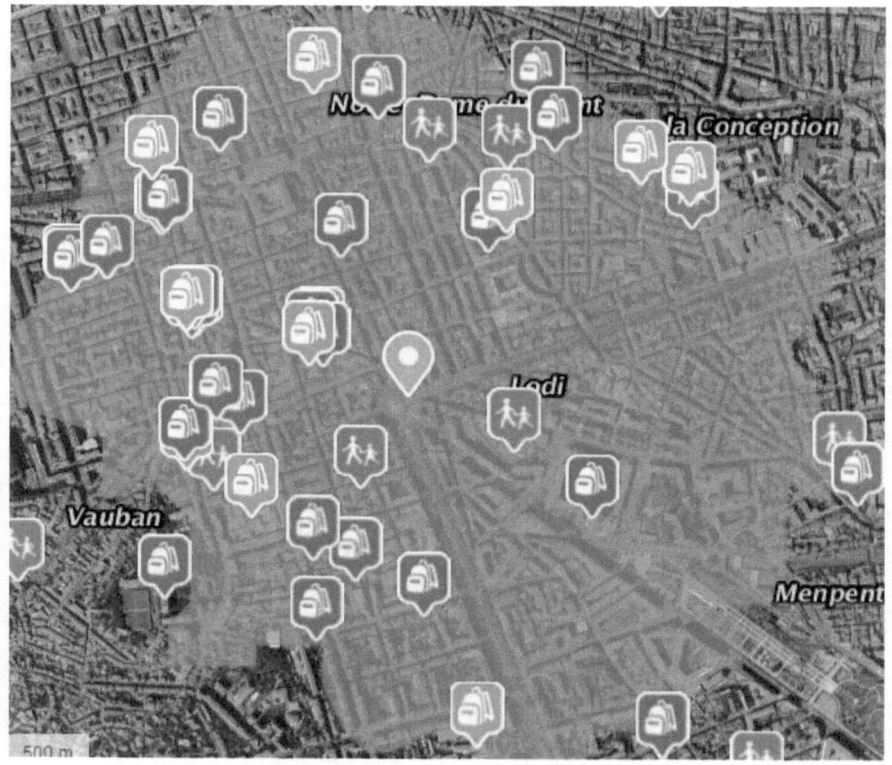

Pour charger le fond de carte écoles vous devez cliquer en haut à gauche sur l'onglet :

Puis dans la liste « données thématiques » dans l'onglet

Éducation et recherche

Vous pouvez choisir le type d'établissement : maternelle, école élementaire, collège, lycées et établissement supérieur.
Cet outil est bien plus puissant encore, à vous de l'explorer.

Hiérarchisez vos envies

Maintenant, passons à vos usages quotidiens, aux services que vous utilisez le plus. Vous devrez déterminer quel est pour vous le temps de trajet acceptable (à pied, à vélo, en transports collectifs, en voiture) pour:

- l'accès aux commerces alimentaires, primeurs, épicerie, marché
- l'accès à une zone commerciale (centre-ville, centre commercial, etc.)
- l'accès à la santé (hôpital, pharmacie, ostéopathe, dentiste, etc.)
- l'accès aux loisirs (sport, nature, sorties nocturnes, cinéma, etc.)
- l'accès à la culture (musées, bibliothèque, théâtre, etc.)
- l'accès aux établissements pour enfant (crèche, écoles, etc.)

Prenez le temps de noter vos réponses sur une feuille. Vous devrez hiérarchiser vos besoins par ordre d'importance, du plus important au moins important. En indiquant chaque fois le temps de trajet que vous êtes prêt à accorder et le mode de déplacement.
Chaque personne a des besoins spécifiques, à titre d'illustration voici les critères que j'avais retenus lors de mon achat, par ordre d'importance.

1. **Domicile/travail** : 25 min voiture, 10 min à pied ou en vélo
2. **Accès aux loisirs** : plage à 10 min à pied ou en vélo
3. **Accès aux commerces alimentaires**: 10 min voiture / à pied / vélo
4. Accès à la culture : 45 min en voiture
5. Accès à la santé: 30 min en voiture
6. Accès à une zone commerciale : 45 min en voiture
7. Etablissement pour enfant: Sans objet, pas d'enfants

Au total il y a 7 critères. Seuls vos 3 premiers critères sont les plus importants. C'est sur ceux-là que vous devez focaliser votre attention, ce sont des critères sine qua non pour votre achat.

Comprendre la fixation des prix

Nous allons maintenant aborder la question fatidique de la fixation des prix en immobilier. Pour cela, vous apprendrez:
- à connaitre votre marché
- la loi de l'offre et de la demande appliquée à l'immobilier
- la notion de délais de mise en vente
- la fixation des prix par un agent immobilier
- les éléments qui augmentent la valeur d'un bien
- les éléments qui diminuent la valeur d'un bien

Si vous voulez comprendre l'immobilier, gardez en tête que c'est l'emplacement, autrement dit le quartier, qui détermine le prix d'un bien. **C'est le critère le plus important**, tout le reste est secondaire. **L'emplacement représente en moyenne 70% de la valeur d'un bien**.
Dans un quartier très recherché, un appartement en très mauvais état, avec tout à refaire se vendra à un prix plus élevé que le même appartement totalement refait à neuf dans un quartier boudé par les acheteurs.

Parlons d'un secteur que je connais, par exemple le port de Sanary-sur-Mer. Quartier très prisé de la ville, petit marché provençal tous les matins, lieu vivant avec une offre multi commerces, zone piétonne avec voie fermée aux véhicules, au bord de mer et des plages. Dans ce secteur, le moindre appartement à vendre intéresse énormément d'acquéreurs et les prix sont sensiblement plus élevés que dans les autres quartiers de cette ville, même pour des biens à rénover. De plus, les immeubles construits sur ce secteur sont assez anciens. Dans les anciennes constructions, il était assez exceptionnel d'avoir un balcon ou une terrasse, je vous laisse en déduire la rareté et le prix d'un appartement avec terrasse et vue mer dans ce quartier.
Par expérience, 70 à 80 % de la valeur d'achat dépend directement de son emplacement. Seul 20 à 30 % du prix est impacté par l'état intérieur, les atouts du bien et ses faiblesses.

Prix d'un bien immobilier =

Pourquoi est-ce l'emplacement qui fait le prix et pas l'état intérieur du bien?
Pour une raison simplissime, lorsque vous achetez un bien immobilier, vous achetez un bien qui ne peut pas bouger, dit autrement vous ne pouvez pas changer le lieu. Vous êtes bloqué dans le quartier, si vous êtes dans un quartier très difficile sans accès aux écoles, pas de commerces, pas de transports, même si le bien est neuf à l'intérieur, vous êtes toujours dans un mauvais quartier. Par contre, si vous achetez un appartement au pied de la Tour Eiffel, peu importe qu'à l'intérieur tout soit à refaire, vous serez quoi qu'il arrive extrêmement bien placé, en fait vous achetez l'emplacement.
Le quartier a de la valeur, car lorsque vous devenez propriétaire vous pouvez toujours modifier l'intérieur de votre bien, mais vous ne pouvez jamais modifier le quartier.

Nous allons prendre un exemple pour illustrer cela.

Soit deux appartements à La Valette-du-Var, ville où j'ai réalisé plusieurs transactions immobilières.

La ville est coupée en deux par l'autoroute, les habitants distinguent la Valette Nord (au nord de l'autoroute) et La Valette Sud. Le centre-ville se trouve au Nord, il y a un urbanisme maîtrisé et mixte, beaucoup de maisons et des immeubles de petite hauteur.

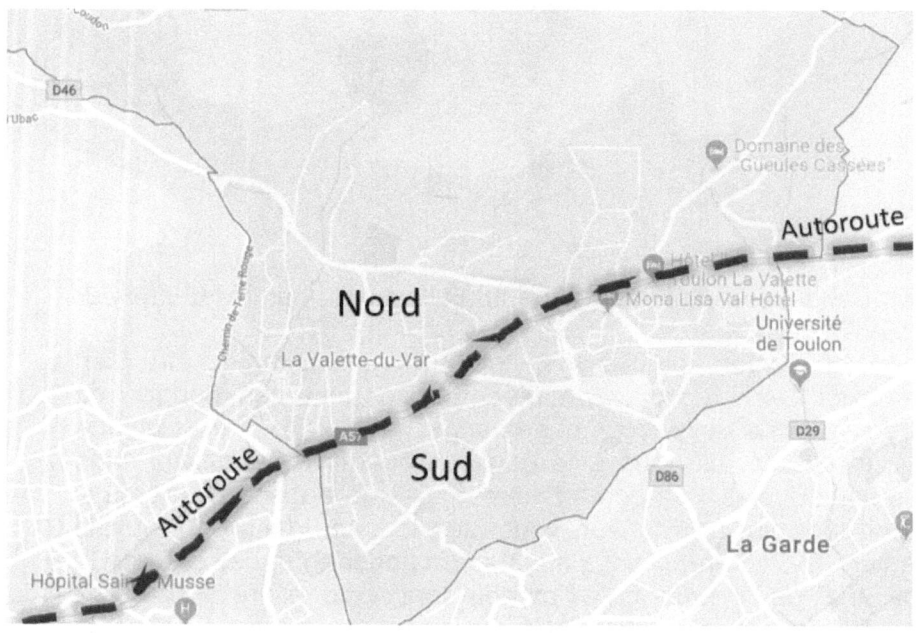

Au sud, il s'agit historiquement d'un quartier avec des grands ensembles (immeubles de 7 à 10 étages), secteur dans lequel il y avait dans les années 1990 de la délinquance. Aujourd'hui il n'y a plus de délinquance dans ce quartier, excepté quelques personnes âgées qui traînent tard le soir... Il y a également plusieurs résidences récentes de faibles hauteurs et des zones pavillonnaires. C'est un secteur qui a évolué de manière positive, notamment avec la présence de nouveaux services (hôpital, écoles, zone commerciale).

Bien qu'il s'agisse de la même ville, avec simplement un pont à traverser, les acheteurs veulent à 90% acheter dans La Valette Nord, quartier qui jouit d'une meilleure image. De ce fait, l'écart de prix pour un bien dans le quartier La Valette Nord et La Valette Sud est très important.

Un T3 avec travaux se vendra autour de 100 000 € / 110 000 € au sud et autour de 140 000 € / 150 000€ à La Valette Nord. Le même appartement entièrement refait à neuf pourra se vendre jusqu'à 140 000 € au sud et jusqu'à 190 000 € au nord. Les acheteurs privilégient pratiquement toujours le quartier lors d'un achat.

Faites le test dans le secteur qui vous intéresse.

Atouts/avantages

Voyons maintenant quels sont les éléments différenciant qui viennent augmenter ou diminuer la valeur d'un bien ?
On dit qu'un bien a des atouts et des faiblesses, les atouts ne seront pas les mêmes en fonction du marché local. Je m'explique, imaginons une ville en bord de mer ou tous les appartements seraient tournés vers la mer, le critère « vue mer » serait alors totalement « normal » et même banal sur ce marché. Par contre, s'il s'agit du seul appartement à posséder une grande terrasse alors que tous les autres n'ont que des petits balcons, ce sera alors un avantage non négligeable, une plus-value pour le bien.

Je me propose ici de dresser une liste type des différents atouts et avantages qui sont susceptibles de faire augmenter la valeur d'un bien.

Atouts
- **Le dernier étage** : vous n'avez pas de voisins au-dessus pour faire du bruit, vous avez souvent une meilleure vue et moins de masques solaires, donc un appartement plus lumineux et plus agréable à vivre.
- **Une vue exceptionnelle** : Une vue mer, vue sur un monument, une vue dégagée ou sur un paysage naturel engendre quasiment un coup de cœur instantané lors d'une visite, une belle vue donne le sentiment d'un espace beaucoup plus grand et diminue la sensation d'enfermement dans une pièce.
- **Un jardin** : Espace de convivialité et de nature, il est particulièrement difficile à trouver dans un centre-ville.
- **Une grande terrasse** : Les modes de vie ont évolué, les espaces extérieurs sont très recherchés, dans les régions au climat doux, nous vivons une grande partie de l'année à l'extérieur, c'est très agréable de pouvoir manger dehors.
- **Une rue calme** : Une impasse, une rue piétonne, une rue donnant sur un parc, sont autant de facteurs contribuant au

calme et diminuant la présence de circulation automobile.
- **Un bien situé dans les hauteurs** : Une maison ou un appartement situé en haut d'une colline, sur une corniche, ou encore sur un point haut de la ville donne un sentiment de grandeur et de puissance, souvent associé à de belles vues sur la ville ou sur les paysages naturels. Une vue dégagée provoque toujours une sensation d'agrandissement des pièces.
- **Appartement traversant** : Un bien avec deux orientations ou plus, est beaucoup plus agréable, plus lumineux et permet de ventiler naturellement en été pour faire circuler l'air. Une orientation Est/Ouest permet de profiter le matin et l'après-midi du soleil. L'orientation Sud est également très appréciée car elle permet d'avoir le soleil toute l'année. Attention toutefois dans le sud de la France, un bien exposé au Sud, sans protection solaire[13], peut vite devenir inconfortable en été à cause de la surchauffe.
- **Aucun vis à vis** : Lorsque vous êtes dans votre logement, vous êtes à l'abri des regards extérieurs, vous pouvez même vous passer de rideaux.
- **Une maison indépendante** : Vous n'avez pas de murs mitoyen avec d'autres constructions, vous avez aussi un jardin qui fait le tour de la maison.
- **Un immeuble de petite hauteur** : Un petit immeuble de 2 ou 3 étages maximum et bien entretenu avec de faibles charges et très agréable à vivre, résidence de taille humaine avec une bonne relation de voisinage.

---

[13]Brise soleil horizontal, arbres qui créent de l'ombre, volets persienné, stores extérieurs, etc.

Faiblesses
- **Un rez-de-chaussée** : Dans l'imaginaire collectif le RDC a toujours moins de valeur que les autres étages. Une des raisons qui explique cela remonte aux anciennes constructions dans lesquelles il y avait parfois des remontées d'humidité sur les murs du RDC.
- **Aucun extérieur** : Sensation d'enfermement dans le logement, pas de possibilité de faire sécher le linge à l'extérieur, obligé de le faire sécher à l'intérieur, ce qui provoque de l'humidité dans le logement.
- **Une servitude de passage** : Un voisin dispose d'un droit de passage sur votre propriété privé, par exemple il peut utiliser votre allée pour accéder à sa maison.
- **Du vis à vis** : La proximité du voisinage peut vite être une gêne pour votre intimité.
- **Une maison avec des murs mitoyens** : Vous êtes accolé à quelqu'un d'autre, vous perdez un peu le bénéfice d'être dans une maison individuelle car vous pouvez causer ou des nuisances acoustiques à vos voisins, ou en être victime.
- **Un immeuble de grande hauteur** : En France, les immeubles de grande hauteur ont une connotation négative, associé aux grands ensembles HLM des années 1970. Il y a souvent beaucoup de charges dans ces immeubles, gardien, ascenseur, nettoyage, etc.
- **Un étage élevé sans ascenseur** : A partir du 4ème étage sans ascenseur, une grande partie des acheteurs potentiels ne sont plus intéressés. Le bien subit une décote. Pour des appartements au 5ème ou 6ème étage il est commun d'observer des décotes de 20% comparé aux appartements du même immeuble.
- **Une rue bruyante** : Un bien qui donne sur une avenue ou une rue très bruyante avec beaucoup de passage automobile, du bruit à toute heure, va être plus désagréable à vivre, le prix sera revu à la baisse en conséquence.

A retenir

- C'est le quartier qui détermine le prix d'un bien et les prix résultent d'un processus irrationnel.

- Plus un type de bien est rare sur un secteur, plus son prix sera élevé.

- Dans des quartiers surcotés et il sera difficile de dénicher une bonne affaire, car même les biens avec travaux n'auront pas une très grande décote.

La loi de l'offre et de la demande en immobilier

Vous avez sans doute déjà entendu parler de cette notion. En clair, le prix d'une transaction ne résulte que du montant maximal auquel un acquéreur est prêt à acheter un bien et au prix minimal auquel le vendeur accepte de vendre. Cette loi économique dit aussi que lorsqu'il y a plus d'acheteurs que de vendeurs les prix montent. Inversement, s'il y a 30 vendeurs pour seulement 3 acheteurs les prix baissent. En effet les 3 acquéreurs auront le choix, ce sont eux qui décideront des prix du marché, les vendeurs auront énormément de concurrence et seront obligés de baisser leurs prix jusqu'à ce que la vente se réalise.

Comprendre la spécificité du marché immobilier

Attention, le <u>marché immobilier n'est pas homogène</u>. Il n'y a pas un marché, mais plusieurs. Tout d'abord, nous devons distinguer le marché des petites surfaces : studio, T1 et T2. C'est un marché sur lequel il y a beaucoup de demande, ces biens intéressent les primo-accédant, les personnes seules[14] et également les investisseurs. Les biens plus petits sont également moins chers, donc financièrement accessibles à un plus grand nombre. Si vous recherchez ce que tout le monde recherche il y a de fortes chances pour que les prix soient élevés.

Par opposition, les grands appartements familiaux, de plus de 100m², sont en général moins demandés par les acquéreurs, les vendeurs sont donc moins sollicités et accepterons plus facilement de revoir leur prix à la baisse...

Autre exemple, les prestations du logement. Vous recherchez un appartement dans un centre ancien avec une majorité d'immeubles anciens sans ascenseurs et sans terrasse. Si vous voulez absolument une terrasse et un ascenseur vous comprenez que

---

[14]La taille des ménages évolue à la baisse, les Français vivent de plus en plus seuls

l'offre est très réduite et rare, il y a peu d'immeubles avec ce type de prestation, en toute logique les prix devraient être tirés vers le haut pour ce type de bien sur ce secteur.

Abordons maintenant la partie connaissance du marché local.

Le marché local

Vous devez absolument connaitre votre marché et je vais vous donner quelques techniques.

Observez les délais de vente, vous remarquerez qu'une ou plusieurs annonces sont affichées depuis plusieurs mois. Ces biens ne sont toujours pas vendus, ils n'intéressent pas grand monde ou bien le prix est trop élevé pour le marché. L'observation des délais de vente vous apprend à délimiter les prix du marché, à ce stade vous avez déjà une information utile, vous connaissez les limites hautes de votre marché. Vous n'avez aucune raison de surpayer un bien.

Je vous recommande le site internet Castorus. Il permet, en copiant-collant le lien d'une annonce, de vous donner l'historique de l'annonce, la date de parution, la mise à prix, l'évolution du prix de vente. Une annonce en ligne depuis plus de deux mois sur un marché immobilier tendu (Paris, Lyon, Bordeaux, Nice, etc.) indique soit un prix au-dessus du marché, soit un problème non visible sur l'annonce. Par exemple un quartier bruyant, un appartement sombre, des travaux non mentionnées, etc. Dans les zones moins tendues la notion de délais de vente est plus difficile à établir, mais un bien qui ne trouve pas preneur en 6 mois est certainement surévalué.

Découvrez de nouveaux quartiers. Rien ne remplace une découverte à pied d'un quartier. Prenez le temps de vous balader pour visualiser quels types de maisons et d'immeubles sont construits, s'ils sont plutôt récents ou anciens, s'il y a des services, si le quartier est vivant , calme, etc.
Ecrivez aussi le nom des copropriétés qui vous intéressent, ou encore le nom d'une rue. Visiter également les quartiers

pavillonnaires. L'objectif est simplement de pouvoir identifier si tel quartier est plutôt pavillonnaire avec des petits immeubles anciens sans balcons, ou s'il s'agit plutôt d'un centre-ville récent avec des constructions modernes (garages en sous-sol, ascenseur, terrasses). Rassurez-vous, il ne s'agit pas de faire un relevé architectural de toutes les rues, mais seulement d'avoir une idée du type de bâtiments dominants dans chaque quartier. Cela vous permettra aussi d'affiner votre projet. Par exemple, si vous recherchez une maison avec jardin sans vis-à-vis dans un quartier avec une majorité d'immeubles et très peu de maisons, vous allez devoir augmenter votre temps de recherche et surement votre budget avec... C'est aussi l'occasion d'une bonne surprise en découvrant un nouveau quartier intéressant dans lequel vous vous plaisez et arrivez à vous projeter.

Projetez-vous dans le futur

Nos modes de vies sont en pleine mutation, cela va nécessairement engendrer une nouvelle donne dans l'immobilier. L'éloignement des centre-ville est de plus en plus remis en question compte tenu du prix de l'essence et du temps de trajet nécessaire pour rejoindre les zones d'emplois. J'ai l'intime conviction, que les centres villes, hier délaissés au profit de la banlieue proche, sont de plus en plus attractifs pour la nouvelle génération. Les modes de vie évoluent rapidement, l'actuelle génération de citadins, de moins de 30 ans, utilise le moins possible la voiture, parfois même n'a pas le permis, préfère les transports en commun et se remet au vélo. Nous modifions également nos habitudes d'achats et nos loisirs, finis les courses dans un hypermarché d'un hectare, en périphérie, le samedi après-midi. Nous consommons de plus en plus local, dans des petits commerces, bio de préférence. Habiter en centre-ville redonne accès aux zones d'emplois, aux écoles, aux loisirs et à la culture. C'est mon analyse et ma croyance, nous verrons dans 10 ans si cette vision s'avère exacte.

Et vous, quelle est votre vision ?

Bonus : la fixation des prix par l'agent immobilier

Je vais vous dévoiler la façon dont les agents fixent un prix, ou plutôt, une fourchette de prix, devrais-je dire. Vous verrez que leur technique est assez simple, mais efficace.

Par exemple ici, il doit estimer un 30 m² avec garage et vue mer... En premier, l'agent immobilier consulte une base de données partagée pour prendre connaissance des dernières transactions réalisées sur des biens similaires, dans le même quartier et avec environ les mêmes mètres carrés. Ainsi il détermine un prix moyen au mètre carré sur le secteur et le type de bien. Pour continuer dans notre exemple, des appartements de 26, 29 et 32m² se sont vendus, en moyenne à 3620€ du m², à ce stade l'appartement est donc estimé autour de 108 600€ (sans garage).
Ensuite, l'agent réalise une étude de marché pour voir à quels prix sont affichés les autres biens en concurrence. Admettons qu'il n'y ait que trois biens similaires à vendre, affichés à 115 000€, 120 000€ et 127 000€. D'ailleurs, il ne faut jamais se fier aux prix affichés, car les biens sont presque toujours négociés. Enfin, l'agent immobilier affine son estimation en rajoutant les atouts et faiblesses du bien pour s'approcher du prix final. Ici, la valeur du garage est évaluée à 11 000€, la vue mer est valorisé en ajoutant 10%, enfin l'excellent état de l'appartement tout juste rénové est aussi valorisé en ajoutant 10%. Le bien est alors évalué autour de 142 000€[15], on admet une marge d'erreur de 5% pour donner une fourchette de prix, le bien vaut alors entre 135 000€ et 149 000€. La dernière étape consiste, en utilisant sa connaissance de l'offre et de la demande locale, à savoir si ce type de bien est très prisé ou non. S'il y a beaucoup de demande alors l'appartement pourra se vendre jusqu'aux environs de 149 000€, s'il y a peu de demande, il s'échangera autour des 135 000€.

---

[15] 108 600x 1,10 x 1,10 = 131 406€ +11 000€ de garage=142 00€

Méga Bonus : l'application magique

Attention, vous n'êtes pas prêt à ce qui va suivre. Si je vous disais, qu'en vous baladant dans la rue, vous pouviez avoir accès au prix de vente des derniers biens immobiliers vendus autour de vous ?

Et tout cela avec votre smartphone, gratuitement et en moins de 4 clics ?
Impossible ?

Et pourtant, ils l'ont fait…

Quelprix.immo

Disponible sur App Store et Google Play.

L'application est extrêmement facile d'utilisation, lorsque vous ouvrez la page d'accueil vous avez alors deux possibilités.

1. Vous pouvez soit rentrer une adresse, soit choisir d'avoir le prix des biens vendus autour de vous.

2. Définissez un rayon suffisamment large pour la recherche et le type de bien visés, T2, T3, appartement ou maison., etc.

3. Appréciez le résultat

1.

2.

Avec ces outils dans votre poche, vous avez la possibilité de connaitre très vite les prix d'un secteur.

Cela vous donnera un très net avantage lors de vos visites de quartiers, vous verrez en un coup d'œil si votre budget et cohérent par rapport aux prix de ventes.
Enfin, lorsque vous entamerez la phase de négociation vous vous appuierez sur des chiffres précis pour argumenter votre proposition d'achat.

DEBUTER LES VISITES

La recherche active

Vos besoins sont désormais bien définis, votre liste de critère est sur papier, il est temps de trouver votre futur nid douillet.

<u>Allez-vous passez par une agence ou de particulier à particulier ?</u>

Les deux ! Vous ne devez fermer aucune piste lors de votre recherche, ne perdez aucune opportunité. Voici les principales différences entre les deux :

Par définition, un particulier n'a qu'un seul bien à vendre, le sien, en général il n'étudie pas longtemps le marché avant de mettre son bien à la vente. Il est très courant qu'il surévalue le prix, pour une raison simple, il y est attaché sentimentalement. Et cette valeur affective se retrouve dans le prix ! C'est encore plus vrai s'il a fait des travaux lui-même, s'il a passé ses weekends à travailler dedans, soyez certains que son prix sera au-dessus des prix du marché.
Néanmoins, il y a parfois de bonnes affaires lorsque le particulier fixe un prix raisonnable.

Pour l'agent immobilier c'est différent, son métier est de trouver des vendeurs qui lui confient la responsabilité de vendre leur propriété, dans les meilleures conditions de prix et de délais. L'agent immobilier gère alors l'ensemble du processus de vente, la fixation du prix, les visites, jusqu'à la signature chez le notaire. Comme n'importe quel commerçant, l'agent immobilier a un stock de produits à vendre. Il doit gérer son stock en ayant des produits attractifs à vendre, qui correspondent aux besoins du marché. Lorsqu'il fixe le prix, il n'y a pas d'affectif qui rentre en jeux, l'agent connait son secteur et fixe souvent un prix cohérent.
Bien entendu, il gère également toute la partie administrative de la vente.

N'hésitez pas à faire plusieurs agences différentes, afin de trouver un agent immobilier qui comprend vraiment votre demande, tout est question de feeling. De plus, certains professionnels vous feront découvrir des quartiers auxquels vous n'aviez pas pensé. Soyez clair et précis dès le début de votre relation avec l'agent, dites-lui que votre recherche est précise et que vous ne voulez pas visiter n'importe quoi, vous n'avez pas de temps à perdre.

Avez-vous à choisir une agence immobilière plutôt qu'une autre? Pas forcément, depuis plusieurs années les agences se partagent leurs stocks de biens à la vente, à travers un réseau appelé l'AMEPI. Cela signifie que l'agence "*Jean-Louis Immo*" peut vendre des biens de l'agence "*David immo*". Autrement dit, le stock de bien à vendre est partagé entre plusieurs agences immobilières. Concrètement, pour vous, en tant qu'acquéreur, un agent immobilier pourra vous proposer de visiter un bien qui se trouve dans l'agence d'un concurrent, cela vous évite de faire plusieurs agences. Pour ne pas vous disperser et risquer de perdre du temps, le mieux est d'être en connexion avec un seul agent immobilier. Choisissez le professionnel le plus sérieux, celui qui comprend votre demande.

Commencer les visites

Vous êtes maintenant bien avancé et vous vous apprêter a débuté votre première visite. Les idées se bousculent dans votre tête, vous avez une foule de question à poser, mais vous ne savez pas ce qui est vraiment important. Pour vous aider, je vous ai préparé, en fin de chapitre, une liste de 27 questions importantes, avec des explications.

Pour commencer, intéressez-vous aux motivations du vendeur.
Avant ou après la visite posez toujours des questions sur le contexte de la vente. Qu'est-ce qui motive le vendeur? Pourquoi vend-il ? Depuis combien de temps est-ce en vente?
N'hésitez pas à lui demander comment le prix a été fixé. Vous aurez des réponses très variées sur ce dernier point, certains fixent un prix au m², d'autres en fonction des annonces actuelles, d'autres encore en fonction des ventes comparables. Toutes ces réponses vous aideront dans le cas d'une future négociation. Vous vous apprêtez à réaliser un achat important qui vous engage sur plusieurs années, ne soyez pas timide, **vous avez l'obligation de poser des questions** !

Internet, passage obligé

Aujourd'hui presque toutes les annonces sont publiées sur internet. Il y a énormément de sites internet d'annonces.

En tant qu'acheteur actif, vous devez consulter internet au minimum tous les trois jours pour être constamment à jour des nouveautés et ne laissez passer aucune opportunité.

Lorsque vous recherchez un bien rare, qui plus est sur un secteur tendu [16], vous devez faire davantage d'efforts que les autres acquéreurs pour atteindre votre objectif. C'est fondamental d'être constamment à jour du marché.

Dans mon cas, je regardais tous les deux jours les annonces sur des applications smartphone, je voyais tous les biens qui sortaient. Un mercredi midi, pendant mon repas, j'ai vu un bien qui avait été mis en ligne le matin, j'ai été le visiter en fin d'après-midi, le bien m'intéressait, le prix était bon et le vendeur pressé. Il avait mis sont bien en dessous des prix du marché, à 100 000 €, pour un appartement qui en valait selon moi 110 000€. J'ai voulu me laisser le temps de la réflexion et j'ai rappelé le vendeur le vendredi pour lui dire que je le prenais. Trop tard, l'appartement avait déjà été vendu, le jeudi. Sur ce genre de marché extrêmement tendu (appartement à proximité des plages) les bonnes affaires partent en 48h à peine.

Aussi, lorsque j'ai visité l'appartement dans lequel j'habite actuellement, je fus la seconde personne à le visiter et j'ai immédiatement fait l'offre. L'appartement avait été mis en ligne mardi soir, je l'ai visité le mercredi et l'offre a été acceptée le vendredi. Si je n'avais pas été aussi sérieux dans ma recherche, jour après jour, je n'aurai pas eu l'opportunité de le visiter, peut-être n'aurai-je jamais trouvé un bien, à ce prix, qui réponde à tous mes critères. C'est grâce à internet et à mon smartphone que j'ai pu être aussi réactif.

---

[16] Avec plus de demande que d'offre

Ci-dessous je vous propose une liste de sites incontournables :

- **Bienici**, le site le plus pratique et offrant le plus d'outils, possibilité de dessiner une zone sur la carte pour rechercher à l'intérieur. Son seul défaut, site réservé aux professionnels, pas d'annonces de particuliers.
- **Seloger**, site historique avec beaucoup d'annonces, mais moins fonctionnel que Bienici, selogerneuf permet aussi d'avoir la visibilité de tous les programmes neufs, ce qui est intéressant si vous recherchez dans du neuf.
- **leboncoin**. Permet d'afficher les annonces de professionnels et de particuliers, le problème, pas mal d'annonces en viager, moins précis que les autres sites pour définir l'emplacement. En revanche, c'est le site où vous trouverez le plus d'annonces.

Vous devez consulter ces sites plusieurs fois par semaines pour être à l'affût des nouveautés, comme expliqué précédemment, les biens au bon prix partent en quelques jours. Sur les sites internet cités, vous avez la possibilité de recevoir par e-mail des alertes sur les nouvelles annonces publiées, il suffit de cliquer sur la fonction « s'abonner ». <u>Je vous conseille vivement de créer des alertes !</u>

Je vais vous apprendre comment être le premier au courant des nouvelles mises en vente.

Il y a toujours un temps de latence entre le moment où l'agent immobilier reçoit le mandat du vendeur l'autorisant à vendre son bien et la publication de l'annonce en ligne. Lorsque j'étais agent immobilier, une fois l'annonce rédigée, il se passait souvent 2 à 3 jours avant que l'annonce soit sur internet, nous faisions en sorte que l'annonce soit prête pour le week-end. Mon astuce consiste à relancer les agents immobiliers en milieu de semaine, pour les questionner et savoir s'ils ont de nouveaux biens à la vente, par la même occasion vous leur montrez que vous êtes toujours un "acheteur actif". Lorsque vous avez l'agent au téléphone, rappelez-lui succinctement vos critères de recherche.

Si vous pouvez être parmi les premiers à visiter un bien, cela vous donne une meilleure probabilité de vous positionner.
Sachez que, dès lors que vous faites une offre écrite, l'agence ne peut plus, en théorie, faire visiter à d'autres acheteurs tant que l'offre est en cours. Si l'offre est refusée les visites reprennent.

Quartier VS superficie

Après avoir réalisé quelques visites, vous vous apercevrez peut-être que votre budget est incompatible avec vos besoins. Rassurez-vous, vous n'êtes pas les seuls...

Deux choix s'imposent alors à vous :
- Favoriser le quartier et sacrifier la taille du logement
- Opter pour une plus grande superficie au détriment du quartier

Si c'est votre première acquisition et que vous n'avez pas prévu d'y rester de nombreuses années, alors il est judicieux de favoriser le quartier. En effet, lorsque vous revendrez, il sera toujours plus facile de trouver un acquéreur dans un quartier recherché. Par contre, s'il s'agit d'un achat planifié pour y rester très longtemps et que vous avez des impératifs de superficie (besoin de plusieurs chambres d'enfants par exemple), alors il est sans doute plus important de privilégier la superficie. Ainsi, dans quelques années, vous ne serez pas « bloqués » dans un logement qui ne correspond plus du tout à vos besoins.

Pour rappel, c'est le quartier qui détermine le prix du bien. La question à se poser est la suivante : Préférez-vous un petit logement dans un excellent quartier, ou un grand logement dans un quartier moins agréable ? Tout dépend de votre situation personnelle, de la taille de votre foyer et de votre mode de vie.

Par exemple, un célibataire sans enfant, appréciant les sorties nocturnes, aura tendance à privilégier l'emplacement pour pouvoir vivre dans un quartier central avec accès à pied à ses lieux de sorties, peu importe si l'appartement est petit.

A contrario, un jeune couple avec enfant préférera sans doute un appartement plus spacieux avec deux chambres à un T2 très bien placé. Leur besoin d'espace est un besoin important. Quoi qu'il arrive je conseille de toujours favoriser le quartier, le bien aura plus de valeur et vous profiterez d'un meilleur cadre de vie, je pense qu'il est plus facile de s'habituer à vivre dans un petit appartement que vivre dans un mauvais quartier.

Et vous, quel est votre choix, quartier ou superficie ? Compte tenu de votre budget, avez-vous besoin de réviser vos objectifs ?

Acheter avec ou sans travaux ?

C'est une question que vous allez être amené à vous poser, très vite vous verrez que le marché est en majorité constitué de biens avec travaux à prévoir.

Fondamentalement, il ne faut pas avoir peur des travaux, lorsque vous serez chez vous, il vous sera toujours possible de rénover petit à petit à votre rythme, une pièce après l'autre par exemple.

Acheter un appartement ou une maison nécessitant des travaux sera plus abordable qu'un bien rénové. Vous faites potentiellement une bonne affaire en achetant un bien et en le rénovant.

Mais attention, il y a trois points critiques à prendre en compte avant de vous lancer dans des travaux :

- Les travaux en site occupé (lorsque vous vivez dans le bien pendant les travaux) sont beaucoup plus compliqués et fatiguant moralement
- La durée des travaux. C'est toujours plus long qu'on ne se l'imagine

- Le budget travaux est systématiquement dépassé à cause d'imprévus

Ces dernières années des émissions de télé ont laissé croire à une partie des français qu'il était facile, rapide et peu coûteux de rénover son logement.

Malheureusement c'est totalement faux. Les travaux que nous voyons sont uniquement du "maquillage" qui n'est pas fait pour durer …Faire des travaux ce n'est pas seulement peindre un mur, c'est aussi améliorer le confort de son logement, par exemple isoler les murs, changer les fenêtres par du double vitrage, modifier l'agencement des pièces, refaire son électricité, sa plomberie, son chauffage, installer une VMC...

Dans bien des domaines et c'est d'autant plus vrai dans le bâtiment, le « pas cher » finit par vous coûter très cher. Si vous ne mettez que des produits bas de gamme, souvent premier prix, ils ne vont pas tenir dans le temps et leur performance ne répondra même pas à vos attentes.

Un exemple concret, un pommeau de douche premier prix à 19 €, au bout de quelques jours voir quelques semaines les jets seront déjà moins performants, le tuyau va s'user plus vite, l'embout va se détacher... Résultat, au bout d'un an vous devez déjà changer de pommeau car il ne fonctionne plus, si vous achetez directement un pommeau de douche de bonne gamme à 49 € ou 59 €, vous avez tout de suite un produit beaucoup plus durable, 4 à 5 ans au minimum avec des performances qui répondront à vos attentes.

Il est difficile de connaitre à l'avance le coût des travaux. Alors, pour vous aider à vous faire une idée sur ces coûts, je vous livre plusieurs exemples ci-dessous de travaux de rénovation. Nous nous appuierons également sur une approche au ratio en €/m², il suffit ensuite de multiplier ce chiffre par le nombre de m² pour connaitre le coût estimatif des travaux.

Ces ratios ne sont qu'une première approche, avant d'acheter un bien en travaux vous avez toujours la possibilité de venir accompagner d'un artisan de votre choix qui vous établira un devis précis.

Pour une rénovation lourde d'appartement ou de maison: comptez de 900 €/m² à 1500 €/m².

Une rénovation lourde peut comprendre : des travaux de démolition (suppression de cloison), des créations de cloisons, de la maçonnerie, de la pose d'isolant, le remplacement de fenêtres, une rénovation électrique, la reprise de la plomberie, la pose d'une salle de bain, d'une cuisine, de WC, peinture, chauffage, revêtements de sols, luminaires...

Pour une rénovation complète: comptez entre 450 €/m² et 900 €/m²
Une rénovation complète hors gros œuvre comprend des travaux de revêtements de sols, de peinture, la pose d'une VMC, un changement de tableau électrique, la pose d'une cuisine et d'une salle de bain, etc.

Pour une rénovation légère: de 250 €/m² à 400 €/m²
Une rénovation légère comprend très peu de travaux sur les cloisons, plutôt de la peinture, un nouveau revêtement de sol, quelques reprises d'électricité et de plomberie.

Ci-dessous, j'indique une fourchette de prix pour quelques travaux courant, bien entendu cette fourchette englobe à la fois du moyen de gamme et du haut de gamme, ainsi que différentes tailles de pièces. L'objectif est simplement de vous donner une tendance de prix, en général nous avons tendance à sous-estimer le prix des travaux. Il est toujours possible de trouver moins cher que les prix indiqués ci-dessous, toutefois gardez en tête que tous les travaux non effectués par une entreprise ne sont pas garantis ni assurés en cas de dysfonctionnement. Demandez toujours à l'entreprise une garantie décennale. Si votre budget est limité, vous pouvez vous tournez vers des autoentrepreneurs.

- Pose de double vitrage: comptez de 300 € à 500 € par fenêtre et de 900 € à 1500 € pour une porte fenêtre

- Rénovation complète de salle de bain: de 2000 € pour une petite SDB à 6000 € pour une grande salle de bain ou du haut de gamme

- Rénovation électrique : à partir de 500 € pour un remplacement de tableau électrique. Pour une rénovation complète de l'électricité et une modification des prises et interrupteur comptez entre 35 €/m^2 et 90 €/m^2 en fonction de la gamme.

- Rénovation de WC: Entre 450 € et 900 €

- Réfection des sols : de 35 €/m^2 à 80 €/m^2 en fonction du niveau de qualité souhaité et du type de revêtement (carrelage, lame PVC, parquet)

- Peinture ou papier peint: entre 40 €/m^2 et 70 €/m^2 en fonction de l'état des murs

- Remplacement d'une cuisine: de 2000 € à 10 000 € en fonction de la gamme. Ce prix n'inclut pas la plomberie.

- Isolation thermique et/ou phonique des murs: de 60€/m^2 à 100€/m^2. Ne négligez pas le gain en confort apporté par l'isolation, à mon sens ces travaux sont indispensables si votre bien n'est pas isolé.

- Rénovation des plafonds: entre 80 €/m² et 100 €/m²

- Production d'eau chaude sanitaire: entre 800 € et 2000 €

En cas de travaux importants, n'hésitez pas à vous faire accompagner par un maitre d'œuvre, c'est un professionnel du bâtiment qui assurera la gestion du chantier à votre place et négociera avec les entreprises.

Je vous conseille aussi le site www.travauxlib.com, très bien réalisé, qui permet d'avoir une idée encore plus précise du coût des travaux.

Ancien VS neuf

C'est une question légitime à se poser lorsqu'on a un projet immobilier, mais comme souvent il n'y a pas de bonne réponse. Tout dépend de vos besoins, de votre budget et de vos goûts.

Plutôt qu'un long discours, j'ai préféré lister dans un tableau, les avantages et les inconvénients d'une part pour le neuf et d'autre part pour l'ancien, c'est à vous de vous faire votre propre opinion.

	AVANTAGES	INCONVENIENTS
NEUF	• **Confort de l'isolation thermique** • **Confort acoustique** • Presque toujours un extérieur (balcon, terrasse, jardin) • Couts énergétiques faibles • PTZ prêt à taux zéro sur une partie du crédit • Frais de notaire réduit • Possibilité de choisir l'étage, l'orientation et les options • **D'avantages de prestations** (garages sous-sol, ascenseurs, etc.) • La garantie de parfait achèvement et la garantie décennale en cas de dommages éventuels.	• **Prix beaucoup plus élevé que l'ancien** • Délais de livraison • Charges de copropriété parfois plus élevées (car plus de services) • Vente sur plan, difficile de se projeter, en VEFA[17] il faut aussi lire le descriptif technique, souvent la cuisine n'est pas fournie, ni les meubles de salle de bain, et les robinetteries sont 1er prix. • La localisation, parfois l'emplacement est plus excentré dans la ville avec peu ou pas encore de vie de quartier
ANCIEN	• Hauteur sous plafond parfois supérieure à 2,50 m • **Prix plus accessible** • **Emplacement de meilleur choix en général** • Charme de l'ancien • Facilité de se projeter • Vie de quartier déjà existante	• Mauvaise qualité acoustique s'il n'y a pas eu de travaux • **Souvent des travaux à prévoir** • Plus difficile d'avoir un extérieur • Couts énergétiques plus élevés en cas d'absence d'isolation

Il est toujours possible d'acheter dans l'ancien et de réaliser des travaux pour arriver aux mêmes avantages que dans le neuf.

---

[17] Vente en l'état futur d'achèvement

Les 27 questions à poser en visite

Lors de vos premières visites, vous aurez peut-être envie de poser beaucoup de questions; ou au contraire, vous n'oserez pas questionner votre interlocuteur. C'est pourtant une étape cruciale pour avoir toutes les clefs en main afin de réussir votre achat. Je vous ai concocté une liste de 27 questions à poser en visite. Vous serez ainsi mieux préparés.

Les questions à se poser lors de la visite d'un **appartement** :

- Quel est le montant des charges annuelles de copropriété ?
- A quoi correspondent ces charges ?

Payez-vous pour des services : gardien, ascenseur, espaces verts, piscine, etc. Au-delà de 1 €/mois/m² sans aucun service collectif, c'est très cher payé. Par exemple 40€ par mois de charges pour un appartement de 28m², est très élevé s'il n'y a aucun service.

J'utilise une approche par ratio pour les charges en €/mois/m². Pour un studio de 25m² avec 420€ de charges annuelles, le ratio est de 1,4 €/mois/m². Les immeubles avec beaucoup de services auront un niveau de charges compris entre 1,5 et 2 (parfois encore davantage avec le chauffage collectif). Pour des immeubles de petite hauteur (R+1, R+2) sans ascenseur, sans espaces verts, le niveau de charges sera plutôt inférieur à 1 €/mois/m².

N'oubliez pas, plus vous paierez de charges moins vous aurez d'argent à consacrer au remboursement du crédit. En plus, les appartements avec de fortes charges sont plus difficiles à revendre.

- Des dépenses d'énergies sont-elles incluses dans les charges ?

Par exemple l'eau froide, le chauffage collectif et parfois même l'eau chaude sanitaire. Dans ce cas vous payez vos charges d'énergie directement à la copropriété en fonction de leurs estimations pour l'individualisation des frais.

- L'appartement a-t 'il été rénové récemment? Si oui, il y a combien de temps?

Demandez la liste de ce qui a été effectué, vous pouvez aussi demander les factures.

- Quels sont les derniers travaux effectués dans les parties communes ?

Interrogez le vendeur sur la façade, la toiture, les gouttières, la porte d'entrée, la réfection des escaliers, le remplacement d'un ascenseur...

- Les parties communes de l'immeuble sont-elles en bon état?

Pensez à vérifier visuellement l'état des ascenseurs, des escaliers, des murs, des clôtures, des portes et portails.

- Les parties communes nécessitent-elles des travaux dans les mois ou les années à venir?

Vous avez tout à intérêt à demander une copie ou à consulter les PV d'assemblé générale, vous y apprendrez si des travaux ont été votés, si des travaux ont été refusés. Dans l'ordre du jour de la convocation à l'AG[18] vous saurez quels travaux seront mis au vote durant la prochaine AG.

- Quels sont le ou les lots vendus ?

Vous devez savoir avec précisions quels sont les lots vendus avec l'appartement. S'il y a une cave, s'il y a une place de parking privative ou seulement un droit de jouissance?

- Les meubles sont-ils vendus avec le bien?

- D'autres constructions immobilières sont-elles prévues à proximité?

Il est possible qu'en cas de nouvelles constructions aux alentours, celles-ci soient susceptibles de vous engendrer des nuisances, perdre une vue remarquable, sans oublier des nuisances sonores et des poussières pendant le chantier, etc. Vous pouvez aussi vérifier par vous-même, il est obligatoire d'afficher un panneau de permis de construire lorsqu'un projet est connu.

---

[18] Assemblée générale

- L'appartement est-il isolé thermiquement ?

- Vérifiez la présence de double vitrage.

- Quel est le type de production d'eau chaude et de chauffage ?

- Le logement est-il fonctionnel en l'état ?

Vérifiez si des éléments ne fonctionnent pas et nécessitent un remplacement : radiateurs, chaudière, portes, fenêtres, meubles de cuisines, etc.

- Y a-t-il des infiltrations d'eau?

Vérifiez les plafonds, traces noires, peintures qui semblent se décoller ou cloquer. En cas de faux plafonds gondolés soyez méfiants, vous pouvez demander au vendeur à voir ce qui se cache dessous.

- Y a-t-il des problèmes d'humidité dans le logement?

Vérifiez la trace de moisissures dans les angles de murs et autour des fenêtres.

- Y a-t-il une ventilation mécanique contrôlée (VMC) ?

L'intérêt d'une VMC, présent dans toutes les constructions neuves, est de permettre un renouvellement d'air en continu. Cela vous apporte un réel confort grâce à un air intérieur sain. La VMC évacue également l'humidité présente à l'intérieur du logement.

- Quel est le type de voisinage?

Par exemple s'agit-il d'un immeuble en centre-ville avec une majorité d'étudiants en location, de personnes âgées, de familles, etc. Vérifiez si cela est compatible avec votre mode de vie.

- Vérifiez le montant des impôts locaux, taxe foncière et taxe d'habitation.

- Où est situé le tableau électrique?
- L'électricité est-elle aux normes?

- Y a-t-il de l'amiante? (plafonds, conduits d'évacuation des eaux, etc.)

- Quels sont les murs porteurs?

Lorsque vous frappez dedans avec la main ils sonnent très dur, ils sont plus épais. Ne confondez pas un mur et une cloison, dans le doute faites appel à un professionnel du bâtiment.

Ci-dessous, une liste de questions complémentaires à poser lorsque vous visitez une **maison** :

- Vérifiez l'état de la toiture et des façades

- Vérifiez l'état des soubassements.

Il s'agit de la partie basse des murs extérieurs, par exemple observez s'il y a des remontées d'humidité.

- S'il y a des extensions, garages, dépendances, piscine, vérifiez s'ils ont fait l'objet d'un permis de construire, s'ils sont cadastrés et bien déclarés en mairie.

Dans certaines régions de France il est très courant de faire ce type de construction sans permis de construire. Pour l'acheteur c'est un risque, il existe une probabilité pour que la mairie demande la démolition de ces constructions à votre charge.

- Sur les terrains voisins de la maison, existe-t-il un risque de voir une construction d'immeuble se réaliser, ou des projets urbains.

Zoom sur les PV d'AG

Le procès-verbal d'assemblée générale est très utile pour un futur acheteur. Ce document compile en effet, l'ensemble des informations importantes sur la vie de la copropriété.
Comment trouver l'information ?
C'est très simple, vous devez en premier lieux <u>lire la page ordre du jour</u> (en général la deuxième ou troisième page du document) afin de repérer les sujets importants. Cherchez tout ce qui a un rapport avec les contrats, les travaux , le fond travaux.
Vérifier si les copropriétaires ont tendances à voter pour ou contre les travaux d'entretien de l'immeuble. <u>Si vous observez qu'ils refusent systématiquement le moindre travaux d'entretien c'est mauvais signe</u>. La copropriété va dégrader petit à petit et les personnes n'auront pas envie de faire les réparations nécessaires. Votre patrimoine risque alors de se déprécier.

Cela m'est arrivé lors de mon premier achat. Lorsque j'ai participé à ma première assemblée générale de copropriétaires j'avais préparé une liste des problèmes importants dans l'immeuble et j'avais pris des photos avec mon portable.
Il y avait plusieurs problèmes, dont deux en lien avec l'électricité.

Lorsque j'ai expliqué le problème, j'ai compris qu'une moitié des copropriétaires était au courant mais avaient peur que cela coûte cher, alors que l'autre moitié n'était pas du tout au courant. J'avais pris les devants pour demander au syndic, avant la tenue de l'AG, qu'il fasse réaliser des devis. Ainsi nous pouvions voter directement en séance avec le devis en face.
In fine, nous avons voté à l'unanimité pour la réfection de l'éclairage des parties communes, la minuterie et la pose d'un tableau électrique neuf. Tout cela pour environ 1100€ réparti entre 7 copropriétaires... Pas grand-chose compte tenu du danger que représentait l'installation.

Après cet épisode je suis devenu membre du conseil syndical et nous avons fait en l'espace de deux ans tous les petits travaux importants d'entretien...

L'effet coup de cœur

Désormais vous connaissez votre budget, vous avez une liste des critères précis, vous ne perdez pas de temps en visitant des biens qui ne remplissent aucun de vos critères. Vous savez également quelles sont les questions importantes à poser lors des visites et l'estimation d'un bien n'a plus aucun secret pour vous...

Au préalable, vous avez déjà visité plusieurs quartiers à pied[19] pour vous imprégner de l'ambiance.

Vous allez éviter tout un tas de pièges, notamment d'avoir un effet coup de cœur sur un bien juste repeint.

Lors de vos visites prenez toujours le temps d'avoir un moment de silence et de calme, afin de vous concentrer, vous voyez-vous vivre ici ? Faites abstraction de la décoration et déambuler dans le bien. L'effet coup de cœur est quelque chose d'inexplicable, car le ressenti rentre en jeux. C'est certain, lorsque vous trouverez votre bien, immédiatement vous comprendrez.

L'effet coup de cœur arrive très vite lors d'une visite, souvent durant les deux premières minutes.[20]

Afin de vous mettre en situation, je vais vous raconter comment s'est déroulé mon coup de cœur. Mes critères étaient simples, un budget maximum de 100 000€ afin d'avoir des mensualités peu élevées pour me garantir un reste à vivre suffisant. Villes recherchées: Six fours les plages, Sanary-sur-Mer, Bandol, Saint-Mandrier. Plage accessibles à pied, 10 min maximum. Une petite copropriété avec

---

[19] Lorsque vous visitez à pied vous avez le temps de voir beaucoup plus de détails, à l'inverse d'une simple visite en voiture. Prenez le temps de faire les choses correctement, ne vous précipitez pas.

[20] Lorsque j'étais agent immobilier j'ai remarqué un phénomène étrange, lorsque les acquéreurs prennent des photos dès la première visite ils n'achètent jamais le bien. En revanche, quand ils ne font pas de photos c'est souvent que le bien leur plaît vraiment.

peu de charges et un immeuble de faible hauteur. Mes autres critères impératifs: un extérieur (même petit balcon), un coin nuit pour pouvoir mettre un canapé lit à minima, le tout dans une rue pas bruyante.

Ensuite, les points sur lesquels je n'avais aucune exigence (compte tenu de mon budget bien sûr...) : place de parking, état intérieur, travaux, vue, étage.

J'ai donc favorisé l'emplacement du bien (proche plage) au détriment de la superficie et de l'état intérieur. Je savais aussi qu'avec mon budget je ne pourrai acheter qu'un bien nécessitant des travaux. J'ai systématiquement refusé toutes les visites pour les biens qui ne respectaient pas mon choix de quartier, j'ai fait une seule exception en visitant un bien proche plage mais dans une autre ville, critère non respecté, la visite m'a simplement permis de confirmer mes critères. En l'espace de 3 mois je n'ai visité que 4 appartements.

Voici comment s'est déroulé mon coup de cœur :

Pendant ma pause-déjeuner, je regardais les sites d'annonces immobilières, presque tous les jours. J'ai fini par trouver une annonce avec tous mes critères, en plus il y avait un parking et une petite vue mer. J'ai immédiatement pris mon téléphone pour prendre rendez-vous avec l'agence afin de le visiter. Le quartier répondait totalement à ma demande, aussi lorsque je suis entré dans l'appartement j'ai directement été sur le balcon pour voir la vue, le coup de cœur s'est fait en une minute. L'agent a commencé à parler, mais je l'ai interrompu pour lui poser les questions de base, celles qui m'intéressaient vraiment: charge, taxes, travaux de copropriété, etc. Puis j'ai fait le tour pour évaluer à peu près le montant des travaux. Le bien était affiché à 110 000 euros, c'était en 2017... En moins de 20 minutes de visite j'ai dit à l'agent que j'allais faire une offre car il dépassait mon budget.

C'est le moment parfait pour introduire le dernier paragraphe de ce chapitre.

Savoir négocier

Poursuivons l'histoire ci-dessus.

Tout d'abord, j'ai dit à l'agent immobilier : "**cet appartement correspond à ce que je recherche**", il a compris que j'étais un acheteur sérieux, je n'étais pas là pour lui faire perdre son temps. Mes deux arguments étaient les suivants, tout d'abord : " **mon budget maximum est de 100 000 €, validé par mon courtier**". Deuxièmement, l'appartement était dans son jus, années 1960, jamais rénové: simple vitrage, pas de cuisine équipée, par Internet, pas d'isolation, pas de cuisine équipée. **Il y avait tout à refaire dans l'appartement pour le mettre au gout du jour.**

Ensuite, **j'ai interrogé l'agence sur les motivations des vendeurs**, c'était leur résidence secondaire et ils ne venaient que très rarement car ils habitaient à 900 km. Ils voulaient vendre pour donner de l'argent à leurs enfants. Comme je l'ai dit plus haut le bien était affiché à 110 000 €. J'ai fait une offre à 100 000 €, offre écrite à l'agence. Le surlendemain j'ai reçu un appel de l'agence, l'offre était refusée, j'étais très triste et déçu sur le moment.

L'agent me dit ensuite : "Votre offre a été refusée, mais ils ont fait une contre-proposition à 103 000 €". Au téléphone j'étais tout excité et je m'apprêtais à dire oui. Pourtant j'ai continué à négocier, je me suis souvenu que l'appartement était encombré de vieux meubles. Étant donné que les propriétaires habitaient à 900km ce serait une perte de temps pour eux de gérer l'évacuation de tout ce mobilier. J'ai donc proposé à l'agence 102 000 € et en contrepartie de laisser tous les meubles dedans, je m'occuperai moi-même de tout vider. Le soir même l'agence m'a appelée pour me dire que mon offre avait été acceptée! En seulement quelques minutes de négociation j'ai économisé 8000 € ! D'habitude il me faut plusieurs mois de travail pour gagner une somme pareille !

Que retenir de cet exemple ?

Pour réussir une négociation il faut :
- Jouer carte sur table avec le vendeur en manifestant votre intérêt et votre envie d'acheter le bien. Vous n'êtes pas là pour lui faire perdre son temps.
- Poser des questions importantes et connaitre les motivations du vendeur
- Etre clair sur votre budget
- Rassurer le vendeur en lui indiquant que votre courtier ou votre banque a validé votre dossier
- **Oser** faire l'offre, **oser** proposer un prix
- Faire une offre par écrit
- S'appuyer sur les points faibles du bien immobilier pour argumenter

Même si vous faites une offre basse, votre seul risque est que le vendeur dise non. S'il est vraiment vendeur il vous fera une contre-proposition qui vous permettra de commencer les négociations.

Ayez le sens du timing, la négociation se fait uniquement à la fin après avoir posé toutes les questions importantes au début.

La psychologie du vendeur joue énormément dans votre approche de la négociation, quoi qu'il arrive vous devez vous adapter à votre interlocuteur.

CHRONOLOGIE DE L'ACHAT

Vous visitez le bien, le bien vous plaît, vous faites une offre et celle-ci est acceptée.

S'ils n'ont pas été déjà effectués, le vendeur réalise les diagnostics obligatoires[21].

Une fois ces tests réalisés, vous avez rendez-vous soit chez l'agence immobilière, soit chez le notaire pour **signer un compromis** de vente. Le compromis de vente va mettre par écrit le fait que vous vous engagiez à acheter, avec un certain nombre de conditions suspensives, notamment l'obtention du crédit. Par exemple, lorsque vous mettez en condition suspensive l'obtention du crédit, si en tant qu'acheteur vous n'obtenez pas de crédit de la part de la banque, la condition suspensive se réalise et le contrat est alors suspendu.

Durant la signature du compromis, vous allez vérifier et relire la description des lots vendus, par exemple si vous achetez un bien avec une cave et un garage, il faut que la cave et le garage apparaissent dans la désignation des biens vendus. Vous devrez

---

[21] Amiante, DPE, plomb, termites, gaz, électricité, état des servitudes risques et d'information sur les sols, risques naturels, etc. N'ayez pas une confiance aveugle dans ces diagnostics, souvent ils sont faits à la va vite pour en limiter le coût...

signer et parafer tout un tas de document, par exemple les PV d'assemblée générale, les diagnostics, le relevé du syndic de copropriété avec l'état de l'immeuble (les travaux effectués les années prétendantes ainsi que les contrats en cours, gardien, nettoyage, entretien).

Quelques semaines après la signature du compromis, le notaire prendra contact avec vous pour vous demander une **avance de provisions sur frais** d'un montant d'environ 450 € afin d'ouvrir votre dossier, cette somme viendra en déduction des frais de notaire à verser lors de la signature de l'acte authentique.

Une fois le compromis signé, vous disposez d'un délai d'un mois renouvelable pour l'obtention de votre crédit. Démarre alors pour vous la **recherche définitive de financement.**

Si vous passez par un courtier, ce que je vous ai conseillé précédemment, vous devrez lui transmettre le compromis, ainsi que différents justificatifs (fiche de paye, avis d'impositions, etc.) afin qu'il vous trouve le meilleur financement. Une fois le financement obtenu, vous devez informer le vendeur à travers l'agence immobilière ou à travers le notaire puis vous devrez patienter. Il se passe en général deux à trois mois entre la signature du compromis et la signature de l'acte authentique afin d'être définitivement propriétaire du bien.

Enfin le "jour J",
Le **passage chez le notaire**, que je surnomme la fête des frais !

Rassurez-vous tout de suite, il n'y a rien de compliqué, en plus comme c'est vous qui payez l'addition, les invités vont être très courtois et tout vous expliquer... Vos invités lors de ce festival des frais: l'agence immobilière, l'Etat, le notaire, le syndic, le vendeur, le courtier.

La **signature de l'acte authentique** a évidemment lieu chez le notaire, la banque aura préalablement versée les fonds sur le compte du notaire. Préparez le chéquier, le jour de la vente vous devrez également vous acquitter du prorata de la taxe foncière et des charges de copropriété auprès du vendeur. Les clefs vous sont remises en sortant de chez le notaire lors de l'acte authentique.

Voilà c'est fini, **vous êtes propriétaire**, félicitations!

LEXIQUE

Conditions suspensives: Lors d'une promesse ou d'un compromis de vente, les conditions suspensives suspendent l'exécution du contrat à la survenance d'un évènement. Si la condition ne se réalise pas, le contrat est suspendu. Le contrat ne prendra effet que lorsque l'évènement prévu se réalisera, souvent il s'agit de l'obtention du crédit. Vous pouvez ajouter plusieurs conditions, néanmoins plus vous ajoutez de conditions plus il y a de chances que le vendeur refuse vos conditions. Par exemple, on pourrait imaginer un couple qui souhaite d'abord vendre son appartement avant d'en acheter un nouveau et pourrait indiquer dans le contrat que la condition suspensive est la vente de leur appartement dans un délai de trois mois à un prix donné. Lors de l'acquisition d'un terrain constructible, il est courant d'indiquer l'obtention du permis de construire dans les conditions suspensives.

Ravalement de façade : Il s'agit d'une peinture ou d'un enduit extérieur appliqué sur la façade pour la protéger des intempéries. Elle a également un aspect décoratif, toutefois son rôle premier est de protéger la construction de la pluie, du soleil, du vieillissement. La loi impose de ravaler les façades lorsque nécessaire, dans certaines communes le maire peut lancer une procédure d'injonction aux propriétaires.

Clerc de notaire : C'est l'employé du notaire qui va suivre votre dossier, ce sera votre interlocuteur direct. Vous ne rencontrerez le notaire que lors de la signature de l'acte authentique. La définition assez amusante, que font les clercs de notaire sur leur métier est la suivante : « Nous faisons tout le boulot et le notaire appose sa signature le jour de l'acte authentique. »

Promesse d'achat : L'offre d'achat est un acte unilatéral signé par un candidat à l'acquisition. Lorsque vous faites une offre écrite au vendeur il s'agit d'une promesse d'achat, appelé aussi offre d'achat.

Toutefois, votre engagement est limité, vous n'êtes véritablement engagé qu'à compter de la signature du compromis. Pour le vendeur, aucune rétractation n'est possible concernant l'offre d'achat acceptée.

Mandat simple/ mandat exclusif : Lorsqu'un particulier confie la vente de son bien à une agence immobilière, il a deux choix. Signer un mandat simple ou un mandat exclusif. Lorsqu'il confie un mandat exclusif, une seule agence immobilière peut vendre son bien. En général lorsque l'agence immobilière dispose d'un mandat exclusif elle mettra davantage de moyens et d'efforts pour vendre ce bien. Lorsqu'un bien est en mandat simple cela signifie qu'il est potentiellement dans plusieurs agences, les agences feront moins d'effort pour vendre son bien car il est visible sur plusieurs plateformes à plusieurs prix différents et plusieurs photos différentes. Cela dénigre la valeur du bien et baisse l'effet rareté.

AMEPI : C'est un réseau utilisé par les agences immobilières dans lequel elles partagent leurs biens à la vente. Cela permet de décupler la force de frappe d'une agence immobilière en lui donnant la possibilité de vendre les biens de concurrents. Cela est un véritable atout en tant qu'acheteur, car si vous avez un bon feeling avec un agent immobilier vous pouvez travailler uniquement avec lui, sans avoir besoin de recourir à tous les agents immobiliers de la ville.

Prêt à taux fixe : Par chance en France la majorité des prêts sont à taux fixe. Lorsque vous empruntez vous connaissez d'avance la mensualité et celle-ci est fixe dans le temps, elle ne peut pas évoluer, ni à la baisse ni à la hausse. Votre taux d'intérêt est bloqué dès le début du contrat sur toute la durée du crédit.

Intérêt de remboursement anticipé (IRA) : Il s'agit de frais bancaires en cas de remboursement anticipé ou de renégociation du crédit. Par exemple si vous décidez de revendre votre logement. Ces frais sont encadrés par la loi, la banque percevra une indemnité égale à 6 mois d'intérêts sur le montant du capital remboursé par anticipation. Cette indemnité est plafonnée à 3% du capital restant dû. Il est possible de négocier avec la banque l'absence d'IRA.

Hypothèque/caution : Lorsque vous achetez un bien à crédit, l'organisme prêteur va se protéger d'éventuels impayés, soit par une hypothèque soit par une caution. L'hypothèque consiste pour la banque à revendre votre logement (en cas d'impayé) pour se rembourser. Si vous revendez un logement hypothéqué avant la fin du crédit il y a des frais de mainlevée[22], mais ils sont inférieurs à 1% du capital restant dû. Pour la caution c'est différent, en cas d'impayés c'est un fond de garantie qui indemnise le prêteur, la caution est aussi moins couteuse pour l'emprunteur en termes de frais annexes.

FAI : Affiché sur les annonces immobilières, il s'agit du prix frais d'agence inclus.

Assurance emprunteur : Elle assure l'emprunteur sur le prêt, cette garantie est demandée par l'organisme prêteur. Il y a des garanties obligatoires et d'autres facultatives. Voir au chapitre "l'assurance emprunteur".

---

[22] http://www.paris.notaires.fr/outil/immobilier/frais-de-mainlevee-simplifiee

Syndic: Personne morale ou physique en charge de gérer la copropriété au quotidien, gestion des travaux, paiement des factures, organisation de l'assemblée générale, comptabilité et gestion de la trésorerie, etc. Il existe des syndics bénévoles ont les retrouves souvent dans les petites copropriétés, les propriétaires assurent eux-mêmes le rôle de syndic, gratuitement. Il y a également des syndics professionnels, que vous devez rémunérer pour leurs services. La plupart des agences immobilières font également le métier de syndic.

Le taux d'effort : Employé traditionnellement, le taux d'effort représente le rapport entre le montant total du loyer et le montant total des ressources du locataire. Toutefois, je trouve pertinent de l'utiliser dans le contexte de l'achat, le loyer étant remplacé par le crédit auquel on ajoute les charges de copropriété ainsi que la taxe foncière. Voir au chapitre "approche globale".

Le reste à vivre : les banques calculent très simplement ce chiffre en prenant vos revenus moins vos charges y compris les impôts, moins le futur crédit, afin de calculer combien il vous reste pour vivre. Si le reste à vivre est trop faible, la banque peut refuser de vous prêter de l'argent.

Capital restant dû : Lorsque vous empruntez de l'argent vous rembourser tous les mois une petite partie du capital emprunté à la banque. Sur votre tableau d'amortissement il y a une colonne capital restant dû. Elle vous permet, mois après mois, de suivre l'évolution de vos remboursements et surtout le capital qu'il vous reste à rembourser. Ce capital diminue au fil du temps. C'est un chiffre important, car il vous permet, de vous projeter à moyen terme si vous avez un autre projet. Par exemple si votre bien a une valeur de 150 000€ sur le marché et que votre capital restant dû s'élève 100 000€ vous pouvez extrapoler : en revendant votre bien maintenant vous pourriez vous constituer un capital de 50 000€, permettant ainsi de financer une nouvelle opération.

Loi carrez : C'est une méthode de calcul réglementaire imposée pour mesurer la superficie en m² d'un bien. Elle exclue du calcul les balcons, terrasses et pièces ayant une hauteur sous plafond inférieur à 1,80m. Par exemple, pour une chambre mansardée de 20 m² au sol, la superficie carrez ne prendra en compte que la partie ayant une hauteur sous plafond supérieure à 1,80m.

C'est fini.

Vraiment c'est fini, il n'y a plus de bonus.

Si ce livre vous a été utile, parlez-en autour de vous. Vous pouvez également me contacter sur les réseaux sociaux :
Linked-in

www.ingramcontent.com/pod-product-compliance
Lightning Source LLC
Chambersburg PA
CBHW031435210526
45464CB00005B/2216